目次

序章　山川穂《ほ》高《たか》、三冠王に教えを乞う

落合博満《おちあいひろみつ》はすんなりいかない

一九九八年（落合が日本ハムファイターズを引退した年）、NHKから「年末の番組ですが、ねじめさんが今、一番興味がある方にインタビューする番組をつくりたいのですが、どなたかいらっしゃいませんか」と、依頼があった。

迷わず落合博満の顔が浮かんだ。「落合博満さんにお会いしたいです」と答えた電話の向こうでは、担当の人の声がちょっと困った感じになっていた。

「落合さんですか……。わかりました。引き受けてくれるかどうか、難しいかもしれませんが……チャレンジしてみます」

落合は、三冠王を三度獲得した稀有《けう》な名選手であるうえに、話しかける方が躊躇《ちゅうちょ》してしまうオーラも放つ、すんなりいかない変人的要素のある人、というイメージが強い。

ロッテオリオンズ時代には契約更改のたびに揉《も》めてスポーツ新聞を賑《にぎ》わし、中日は落合ひとりを獲《と》るために四人の選手を放出してトレード。その後、プロ野球選手会を脱会しておきながら、選手会が交渉の末に勝ち取ったFA権を行使して、読売ジャイアンツ（巨人）に移籍。当時、巨人は優勝から遠のいていたが、落合が入団した一九九四年に、いきなり、セ・リーグ優勝を果たし、日本シリーズでも西武に勝って、私の愛する長嶋茂雄さんを監督として初の日本一にしてくれた。

最後のシーズンは上田利治《としはる》監督率いる日ハムに所属していたが、引退しても支配下に置かれるのが嫌で、任意引退ではなく自由契約を選んだ。落合は、風通しのよい、言いたいことの言える自由な環境を自ら積極的につくり上げたのだ。

老人力

そしていよいよ、引退して間もない、プロ野球界きっての強者《つわもの》との対談番組が決まった。収録までの数日間（どれくらいの期間だったかは覚えていないが）、私は仕事が手につかず、寝ても覚めても四六時中緊張していた。

落合博満の著書を片っ端から読んでみたものの、バッティング論など、さらに解説本が欲しいぐらい理解できなかった。

その年は、赤瀬川原平《あかせがわげんぺい》の『老人力』（筑摩書房）という本が話題になった年でもあった。

世間では「老人力」が老人パワーと誤解されて流布していたが、そうではない。力の抜けている人が「老人力」のある人で、どんなに緊張する場面でも「老人力」を持てば生きやすくなる、というのだ。

落合のバッティングも、力まずに軽々とバットを振っているように見える。落合の、あのしなやかなバッティングも「老人力」そのものである……。そんなことを思っているうちに、私の緊張は少しずつ解けていった。

知人が落合と同じ秋田県出身で、落合の一番上のお兄さんと野球をやっていたことがあった、と話してくれた。お兄さんも野球がかなりうまくて、落合はこのお兄さんの影響で野球を始めた。しかも、末っ子の落合は兄姉みんなから可愛《かわい》がられていたと聞かされたときは、どこかほっとした。

長嶋茂雄の本質

いよいよ、対談の日がやってきた。中央線の荻窪《おぎくぼ》駅前でふたりが会うところから、テレビの撮影が始まった。落合は思っていたよりも背が高く、がっちりしていて首も太かった。

まだまだ、現役の匂いがした。

対談場所は、私の通い馴染《なじ》みだった荻窪の鰻屋《うなぎや》。その店を対談の場所に決めたのは、鰻が美味《うま》いのはもちろん、主人が、休みの日でも鰻のことが気になって様子を店まで見に行き、挙げ句、鰻が捌《さば》きたくなって本当に捌いてしまうほどの、鰻愛極まる職人だったからだ。

その主人にとっては、何が何でも鰻が世の中で一番なのだ。私には、この鰻屋の主人に落合が重なった。この人に、落合を会わせたかったのだ。

鰻屋に着くと、撮影の準備にはまだ少し時間がかかるというので、二階の座敷で落合とテーブルをはさんで座り、時間まで雑談をした。

目の前の落合は無愛想ではなく「ねじめさんは、長嶋監督をどう思いますか」と、穏やかな口調で尋ねてきた。私が「長嶋茂雄」を好きなのを知っていてくれたのだ。私が「長嶋茂雄さんは〈長嶋茂雄〉です」と答えると、間髪を入れずに落合も、「そうなんですよ。長嶋茂雄さんは長嶋監督ではなく、〈長嶋茂雄〉なんです。僕ら選手には、どう考えても勝てない試合というのがあります。そういう試合のときに、選手は自分の体を休めたりする。一三五試合を戦い抜くには、そういう休みの試合もないと疲れてしまって、シーズンを通して持たないのです。ところが長嶋さんは、今日のお客さんは一年に一回しか観《み》に来られないお客さん、と考える。だから、巨人の選手は一試合も手が抜けないのです。長嶋さんは『勝てない試合』というのを理解できない人。理解できないから〈長嶋茂雄〉です。監督というのは、本当は、選手の体を休めるのも大切な仕事なんです」と言った。

落合博満の言葉

落合が〈長嶋茂雄〉の本質をぴたりと言い当てたところで、「用意ができました」とスタッフが二階に上がってきた。

いよいよ収録が始まった。

あっという間の二時間ほどの対談であったが、落合の語る言葉には、ひとつひとつに余白、理念があって考えさせられた。

収録を終えたあと、印象に残ったことが五つある。

①「落合さんが監督になったとして、コーチを選ぶときに人柄で選びますか」と、ちょっと意地の悪い質問をしたら、落合は即座に「私なら野球を知っている人を選びますね」と答え「まあ、あまり人柄が悪いのは問題ですが」と付け加えた。

まだ監督のカの字も出ていない引退直後に、落合はこう答えたのだ。このとき、情に左右される人はやっぱり落合とは逆に、監督には向いていないのか、と思った。

②落合が社会人野球の東芝府中硬式野球部にいた頃、世の中ではバブル崩壊によるリストラや「窓際族」が話題になっていた。落合のまわりにも窓際族がいたという話の流れで「自分を窓際だと決めてしまえばいいんですよ」と、きっぱり言い切った。

決めてしまえば、そこから見えてくることがある。何でもいいから、自分が決めなければ話にならない。落合は、手をこまねいてジリ貧になっていくのが一番嫌いな人だと感じた。

③私がインタビューの進行に夢中なあまり、目の前に出ていたうな重が目に入らず、手をつけずにいたら「ねじめさん、その鰻食べないの？　食べないんだったらオレ、食べちゃったから、ねじめさんのうな重くれる？」と言われ、思わず「どうぞ」と言ったら、落

合は嬉《うれ》しそうに私のうな重をぺろっと食べて「この鰻、本当に美味《おい》しい」と言ってくれた。

テレビの撮影中でも、目の前で起きていることは、野球はもちろん、うな重であろうと何であろうと、見逃さない。いや、見逃さなかっただけではなく、こんなに美味い鰻を食べなかったらもったいない、と率直に感じたのだろう。

④ **落合は、自分から野球をとったらただの人であることを強調していた。**

野球がなかったら、自分は何でもない普通の人であることを自覚していた。高校でも大学でも中途半端にしかできなかった野球を、東芝府中の社会人野球時代に取り戻して頭角を現し、ドラフト三位でロッテに入団した落合だからこその言葉だ。

⑤ **対談が終わり、胸につけたピンマイクを外して鰻屋を出るとき、見送りに出た主人に落合の方から右手を差しだし、手を取ってしっかり握手した。「いい手をしてるねえ」と落合が言うと、主人は嬉しそうに「ありがとうございます」と強く握り返していた。**

落合が鰻屋の主人と同じように、職人気質を持った人であることを確信した。鰻屋の主人にとっては鰻が主役であるように、落合にとっては野球が人生の主役なのだ。落合は「野球は、来たボールを打てばいいし、打ったボールは捕ればいい。捕ったボールは投げればいい。それだけのことです。野球というボール遊びには、努力すればもっともっと楽しくなる力がある」と言っていた。落合は、野球をもっともっと楽しくすることが楽しくてしようがない人なのだ。

傲慢そうに見えようが、不愛想に聞こえようが、この「ボール遊び」を忘れていない。鰻屋での対談以来、私はさらに落合のファンになった。

ホヤ監督

落合は五年の浪人生活を経て二〇〇四年、中日ドラゴンズの監督になった。監督一年目のキャンプは、一軍、二軍の合同練習とし、初日からいきなり紅白試合を行った。このアイディアには度肝を抜かれた。まずは、自分の預かる中日ドラゴンズというチームが今、どのぐらいの戦力なのか、落合はその目で見たかったのである。

選手たちの力量は、たくさんの選手がいればいるほどよく見えてくる。一番よく見える場所に選手を立たせるためのアイディアを絞りだすのが、落合野球の第一歩だったのだ。

選手全員をひとつの場所に集めて、上から見たり、横から見たり、下から見たり……。斜めから見て、後ろからも観察して、選手個々のレベルを目に焼き付けて底上げを図った。

落合は、自分の目で選手の力量を見極めた。他人からの情報ではなく、自分の目で見るのが落合博満なのだ。

そうして一年目は、新しい選手を補強するのではなく、現存する選手を自分の目で見て、何が足りないかを見極めた。そして、練習量を圧倒的に増やして、選手たちの野球をする体をつくった。

そして、監督一年目でセ・リーグ優勝を果たした。八年間の監督生活で四度のセ・リーグ優勝、一度の日本一という結果を達成している。

これほどの実績がある落合博満を、監督として放っておくことはないだろうと思う。だが、どの球団も声をかけない。

これが落合らしいのだ。

落合は食べ物で言えばホヤだ。初めて食べるときには勇気がいる。だが、一度口にするとその歯ごたえ、奥深い苦み、滋味深い美味さのとりこになる。

どの球団も、へっぴり腰になっている。私はどうしてももう一度、落合監督の姿が見たいのだ。

落合博満と山川穂高

二〇一九年夏、NHKの「サンデースポーツ」で、落合博満と西武ライオンズの山川穂高が対談した。夏場のシーズン途中であった。山川が落合博満を敬愛しているのは知っていたが、シーズン途中に対談が実現したのは稀《まれ》なことである。西武ライオンズはよく許可したな、と思った。それほどまでに、山川のバッティング状態が悪かったのだろうか。いや、いくらバッティングの状態が悪くても、シーズン中は実現しないはずだ。きっと、それほどに山川の落合への思い入れが強かったのだ。この、呆《あき》れるほどの落合への思いはどこからくるのだろうか。

二〇一九年の山川は、バッティングで悩んでいた。そこで、藁《わら》をも摑《つか》む思いで、落合との対談を望んだのか。だが、ホントのところ、彼の志はもっと高いところにあったのではないか……。

それは、スランプから脱したいという気持ちよりも、敬愛してやまない落合博満と直《じか》に会い、肉声を自分の耳で聞くことによって、自分の夢を確かめたい、というものだったのだと思う。

三冠王を獲るのが、夢なのだ。

山川は三冠王を獲りたいのだ。

誤解を恐れずに言えば、山川は、三冠王を獲るために落合博満を動かし、球団を動かし、NHKを動かした。すべては、三冠王を獲るためのことだったのだ。

落合も山川も可愛かった

何はともあれ二〇一九年七月七日、落合博満×山川穂高の対談が放映された。

二〇年前、素人の私が落合と対談させてもらったときのことを思いだしながら、テレビの前に座った。

番組は、山川が落合を立って待っている姿から始まった。

山川からは、これから落合に会える喜びが滲《にじ》みでていたが、緊張で目は笑っていない。

それにしても、何度も言うが、シーズン途中なのによく実現したと思う。落合にしっかりバッティングをチェックしてもらってこい、と、辻発彦《つじはつひこ》監督も後押ししたのかもしれない。辻監督は、中日時代に落合監督をコーチとして支えていたことがあった。落合とは気心知れた仲でもある。

いろいろな人の後押しと、落合自身の、山川への興味と大きな期待があってのことだったのだろう。

挨拶から始まった対談は、山川が「監督さんに使っていただいて……」と言った途端に、落合がすかさず「その『使っていただいて』はやめな」「必要だから使ってるんだ、監督っていうのは」と先制パンチを喰らわせるところから始まった。

のっけから山川は落合の洗礼を受けたのだ。

だが、落合はすぐに穏やかな表情になって「結婚したんだよな?」と、訊《き》いた。

山川が「はい」と答えると「結婚して、練習したいから、西武ドームのそばに家を、住まいをかまえたと」「生き残るためには人が寝てるときにバットを振って、隠れてるところでどれだけ練習量を積んでいくか」「これを捨てたら（きみは）終わるだろうな」と、落合は言い切った。

落合にとって、家庭を背負うことは野球を背負うことなのだ。家族を大切にしてきた落合らしい発言だと思った。

家を買った話を向けられた辺りから、山川がリラックスしてきたように見えた。小学生の子どものような顔つきになると、事前にメモしてきたノートを取りだした。

このメモ帳に書かれた質問のいくつかが、画面に映しだされた。大きな体なのに、読みやすい繊細な文字で書かれていた。

当然、番組ではバットスイングの話にもなった。山川が、不調になると頭を突っ込んでしまって自分のスイングができない、と言うと、落合は迷うことなく「オレ絶対ボールを打たない」と言う。

山川は一瞬、落合の言っている意味がわからなくて、練習をしないことだと理解したようだった。だが落合は「ボール（球）そのものを打たないことだ」と、山川にわかるように言い直した。そして、暗闇のなかで素振りをすればよいと言った。

「試合前に暗闇の場所ってあるかな」

山川が言うと、落合が、

「そんなもん、家で振るんだよ」と言う。

このやり取りは、落合も山川も可愛かった。

暗闇のなかで素振りをすると、五感が鋭くなる。バットの微妙な音の違いがわかってくるし、ボールの向かってくる方向やスピードをイメージする力も出てくる。

落合の言うことはシンプルだ。

暗闇に身を置く不安感に打ち勝つことも、大事なことだと教えていた。

三冠王

落合は山川のスイングを見て「自分（落合）のスイングとは違っても、それはそれでいいのだが」と言いつつ、バットを構えるときのトップの位置にこだわっていた。

落合は、自分とは違っていても、山川のスイングをまったく否定していない。「そんなフォームでよくホームランが打てるな」とは言うが、否定ではなく、感心しての発言であった。このときに私は、落合という人の用意周到さを感じた。迂闊《うかつ》に物を言わないし、言葉を正確に使わなければ誤解される、と考えている。誤解を恐れる人だと思った。

山川の性格なども敏感に見抜いての言葉だったのだ。

落合の現役時代も知らず、監督時代の采配も知らず、真逆のバッティングでも学び取りたいという山川の真摯な姿勢に、落合は応えようとしていた。

番組の終盤、三冠王を争っているときの気持ちはどんなものかを尋ねると「しょせん遊びだよ」「ボール遊び」「遊びに『コレ』ってものはないいんだよ。自分がうまくなるために、いろんな創意工夫をしながら、自分のなかで『何が一番合うんだろう、このボール遊びは』って考えれば、楽しいだろう?」と、落合は答えていた。

二〇年前の私との対談のときと同じ答えだった。

落合は、勝負の厳しさを人一倍知っているからこそ、現役時代の自分自身に言い聞かせるように、山川にも野球の原点を教えて「気負うな、楽しめ」と言っていた。落合は山川に「答えはないいんだよ」と言いつつも、寄り添って一緒に答えを探しているようにも見えた。

落合は、山川にとって三冠王の人だ。

三冠王を獲る技術を持った人である。

山川も三冠王を獲りたいのだ。

三冠王・落合に会って真っ向に相対して野球について語り合えるのは、この一度きりだとわかっている。同時に、一度会っただけでは三冠王の極意など摑めないこともわかっている。だからこそ、落合に会えたこれを機に三冠王を獲る。三冠王を獲得するためにはどんなことでもする。私はこのときに、山川の心意気を感じた。

同期のライバル

山川は二〇一三年にドラフト二位で西武に入団したが、一軍と二軍を行ったり来たりの生活であった。二軍から一軍に上がってきても、プレッシャーを感じてガチガチになっていた。

そのガチガチさは、こちらにも伝わってきた。山川が活躍したゲームで、インタビューで「四番はどうでしたか?」と質問されると、「あなたが四番になってみたらこの緊張感がわかりますよ」と、わけのわからない、余裕のないコメントを放っていたぐらいだ。

山川と同じ年にドラフト一位で大阪桐蔭から入団した森友哉《ともや》と、山川は仲がよい。森友哉は大阪桐蔭の西谷浩一《にしたにこういち》監督曰《いわ》く、同校出身でプロになった選手のなかで最も優れた打者だ。

だが、その森もプロに入ると、小さな体のフルスイングでは通用せず、プロの厳しさを痛感した。それでも森は、そのフルスイングを貫いて二〇一九年にパ・リーグの首位打者を獲得した。

山川よりも森の方が四歳若いが、同期入団のふたりはライバルである。森友哉が首位打者を獲得してから、チームへの貢献度という意味では、二年連続ホームラン王を獲った山川よりも首位打者の森の方が大きいことに、山川は気づいている。そのうえ、山川が夏場のスランプに陥ったときに、森友哉は調子を崩さなかった。山川にとって二〇一九年の夏は、ここで落合に会えなければ自分は終わってしまう、という切羽詰まった状況だったのだ。

だがシーズンの後半、落合に会ったからといって、山川の打撃が向上したようには見えなかった。打撃は、そんな簡単なものではない。

山川は二〇二〇年のキャンプで早々に、

「みんな、変わってないと思うかもしれないが、見る人が見て変わったと思えばいい」

と、インタビューに答えていた。

「見る人」とは落合博満のことであると、私は思っている。落合博満の価値を現役の選手で一番よくわかっているのは、西武・山川穂高だと断言してもよい。

二〇二〇年のシーズンに入ってから、山川の構えは落合に似てきた。バットのトップも高くなり、力みもなく、球がよく見えているようだ。だが、スイングは前年よりもさらに意識的な縦振りのアッパースイングになった。左足もちょっとしか上げない。アッパースイングにすべての力点を置いている。それこそ、頭が前に突っ込まないための工夫でもある。

きっと、グラウンドのどの方向にも打ちたいのだ。グラウンドを広く使いたいバッティングだ。このシーズンは、バットをグチャッと折ってのヒットも出るだろうし、ポテンヒットも出るだろう。そうすれば、実は俊足なのも知ってもらえるだろう。ホームラン数は減るかもしれないが、そんなことを気にせず山川は三冠王を狙っていく。

それにしても、落合博満の指導者としての素晴らしさは、選手にやる気を起こさせるところにある。

今でも山川は、対談時の落合の言葉を思いだして、きっと真っ暗闇のなかで素振りをしているし、当然、人に見られないところで人一倍厳しい練習もしているのだろう。

二〇二〇年の日本は新型コロナに脅かされ、混迷を極めた。プロ野球の開幕もかなり遅れた。だが、私の楽しみは山川穂高であった。全方向へのホームランを見たいし、ライト前のポテンヒットも見たい。森友哉を抜いて、三冠王も夢ではない。そして、本当に野球を愛する球団が、いつの日か落合博満を監督に迎え入れてくれるシーズンを楽しみにしている。

落合に関する補足

① 野球を知っていることが何より大事と考える落合は、中日の監督に就いたとき、森繁《しげ》和《かず》をピッチングコーチに迎えた。落合と森は、社会人野球の日本代表で一緒に闘ったこと

があったが、特別に仲がよかったわけではない。

② 落合は、東芝府中に入ったときは臨時工であった。いつクビになってもおかしくない状況だったのだ。寮から練習場までは自転車で通っていて、まわりもエリートばかりではない環境で、落合は野球の実力を鍛えた。野球がなかったら、落合の人生はどうなっていたかわからなかった。

③ 現役引退後、落合はテレビ朝日に解説者として登場した。落合の野球解説は遠慮がなかった。歯に衣《きぬ》着せぬ物言いは視聴者には抵抗があったらしく、テレビ局に苦情の電話もあったという。今でも印象に残っているのは、巨人が不調のとき「捕手を替えたらダメだ。村田真一を使い切らなければダメだ」と言った言葉だ。当時、巨人は若手とベテランの切り替えがうまくいっていなくて、村田真一が宙ぶらりんになっていた。そのことを示唆したのだ。落合は、村田の必要性を見抜いていた。今、このチームで誰が一番必要なのかを素早く見抜いたのだ。落合野球の基本は、使い尽くすことのできる選手を見極めることである。

④ 二〇年前のあの日、私と落合が対談を終えて鰻屋を出ると、もうすっかり日が暮れて

いて、落合は「ここは荻窪だよね。高円寺にはロッテの寮があって、よく女房と待ち合わせて一緒にパチンコをやって勝ったよ」と言った。信子夫人とは本当に長い付き合いなのだ。

⑤ 山川との対談で落合は、暗闇のなかでの素振りを薦めた。落合にとっての暗闇とは高校時代、上下関係が嫌になって野球部をサボって観た映画館の暗闇なのではないか。暗闇が落合を強くした。落合は暗闇に育てられたのである。

暗闇

ねじめ正一

落合博満の
心のありようは
授業をサボって
野球をサボって
ゆくあてもなく
映画館の闇で育まれた
紛れもなく
落合博満を
救ってくれたのは
闇の深さであり
落合博満の心の力であった
死にたくなったときも

金もなく東京を
さ迷っていたときも
野球を疑ったときも
孤絶を怖れず
暗闇の中で
心の目を見開き
今の　たった今の
心の力を知る

第一章　【対談】群れないスタンスに憧れて

——『あいうえ　おちあいくん』を描いた絵本作家・武田美穂

武田美穂（たけだ　みほ）

絵本作家。東京都生まれ。一九八七年に『あしたえんそく』（偕成社）で絵本作家としてデビュー。『となりのせきのますだくん』で絵本にっぽん賞、講談社出版文化賞・絵本賞受賞。ほかの作品に『ふしぎのおうちはドキドキなのだ』（絵本にっぽん賞）、『すみっこのおばけ』（日本絵本賞読者賞、けんぶち絵本の里大賞グランプリ）、『ありんこぐんだん　わはははははは』（以上ポプラ社）、『どーんちーんかーん』『たいふうのひ』など。挿絵に「ざわざわ森のがんこちゃん」シリーズ、『憲法くん』（以上講談社）、「カボちゃん」シリーズ（理論社）、「こぶたのぶうぶ」シリーズ（教育画劇）、『吾輩は猫である』（ほるぷ出版）などがある。

落合博満を初めて観た日

武田　ねじめさんと初めて会ったときのこと、今でも鮮明に覚えています。プロ野球が好きだという話で盛り上がって、好きな選手も訊かれて、ねじめさんにとっての長嶋さんのことはもちろんよく知っていましたから、どう答えればよいか迷ってしまいました。それで、まず探りを入れるような感じで「野茂《のも》英雄です」って言ってみたんです。でも、すぐにちょっと後悔して「本当は落合です」。そうしたら、ねじめさんが握手してくれて「僕は、落合本も書いたんだよ」って。今回、ねじめさんがもう一度落合さんについて書こうとされていると聞いて、嬉しくて駆けつけました。

ねじめ　武田さんの落合デビューは、鮮烈だったんですよね。

武田　落合さんがロッテでプレーしていた最後の頃に、川崎球場で観たんです。父が大洋ホエールズ（現・横浜DeNAベイスターズ）のファンで、ずっと大洋ホエールズを応援しなきゃいけないと思っていたんですが、家に帰って報告すると、その父でさえ「すごい人を観てきたね」って。落合さんがその日、ホームランを打ったんです。それ以降、プレーだけでなく落合さんの言動まで、一挙手一投足がみんな気になりはじめました。テレビで自分のスイングについて話している落合さんを観て、でも、最初はずいぶんぶっきらぼうな方だなと思って……。

ねじめ　秋田の方言も、あったのかな。

武田　それが、活字でも変わらず、ぶっきらぼうで。でも、とても正直に話していて、普通だったら少しは入り込んでしまう忖度《そんたく》が一切ないんです。相手にどう思われたって構わない。それに「もしできなかったら恥ずかしいな。今は言わないでおこう」という、躊躇《ためら》いのようなものもまったくない。中日に移籍してからはもう、「中日スポーツ」を購読して、すっかり落合ファンになってしまいました。それから、中日とスワローズの試合があるとき、神宮球場に観にいったり。最初は、知人に連れていってもらったんですが、勇気を出して、ひとりでも行って、外野席で応援歌、歌ってました。

ねじめ　武田さんの落合デビュー、川崎球場での話をもう少し聞かせてください。そのときに落合が打ったホームランのことは、覚えてます？

武田　確かセンターから少しライト寄りだったような……。

ねじめ　川崎球場って、小さな球場だったよね。食事だってオシャレなものは何もなくて、競輪場が近くにあって。

武田　お客さんもあまり入っていなくて、スタンドは空いてました。チケットは内野席の上の方で、前半は野球を観にきたんだか、ピクニックに来たんだか、というていで、飲み食いの方に重きを置いていましたが、試合がだんだん面白くなってきたので、途中から下の方の少しいい席に移動して。前の席のオジサンたちがビール片手に選手の評価をするのがちょうどいい解説みたいで、聞き耳を立てながら観戦するうちに、けっこう熱も入ってきて。

最初は、パ・リーグのことなんて何にも知らず、チケットをもらった席がロッテ側だったので「まあ仕方ない、ロッテ目線で観とくか」という感じだったのが、オジサンたちから得た付け焼刃的知識？　にも後押しされて（笑）、覚えたての選手の名前を叫んだり、だんだん気分はにわかロッテファンに。

ねじめ　そこで、落合が登場するわけですね。

武田　はい！　試合は拮抗《きっこう》していて、ここでもう一点欲しい、というところでバッターボックスに立ちました。

落合さんは、オジサンたちの評価が高く、きれいなヒットを打つ活躍もしていたので、名前は頭に入っていて、

「ここはタイムリーを頼む！　でも、どうやら、彼には一発もあるらしい……。できれば走者一掃を！」

遠目だったので、顔もフォームも判別できるほどではなかったのですが、まわりの期待感がこちらにも伝搬して、打て！　打て！　と祈っていたら……打ったんです！

本当にびっくりするくらいきれいな放物線のホームランでした。あのときの心臓がぎゅっとしてバクバクする感じは記憶に残っています。初めて見た、プロのホームランは、感動的に美しかったです。その日から落合さんのファンになり、もっと大きなのや、ライナーで速いの、右も左もセンター返しも、いろいろなホームランを見せてもらったけれど、やはりその日のホームランが私にとっては特別です。

ねじめ　見ている方に余裕があるホームランだったんだね。カーンと打ってから、「あ、これはホームランになるな」って思う時間がちゃんとあるんですね。

武田　そうですね！　球場の雰囲気をワッと変えるようなホームランで。素人目ですが、落合さんの打撃フォームって途中まではゆっくりで、下からガツッと打つのがすごくカッコいいんです。

落合博満とおちあいくん

武田　そんなわけで、最初は素敵なホームランを打った選手として注目しはじめたんですが、次第に彼の言動に惹《ひ》かれていきました。非常に正直に物を言って、しかもその言動に責任を持っていて。それなのに、変わり者とか、嫌われ者とか言われていたのが、引っかかってしまって。私は昔、人にノーと言えないタイプだったんです。それが落合さんのおかげで、人にどう思われたっていいんだ、自分がそう思っていて言動に責任が取れるなら、そのまま言ってもいいじゃないか、って思えるようになりました。人生の先生なんです。

ねじめ　確か、ロッテの契約更改で揉める落合を見ていて勇気をもらったんですよね。少し話は逸《そ》れますが、武田さんは絵本の世界が長いと思います。若い頃、落合に背中を押されて、闘ってギャラを勝ち取った経験があるんじゃないですか？

武田　今だって、落合さんに背中を押されて頑張ってます！　「ガ、ガツンと、い、言わなきゃ、落合なら言う！」と、実はかなり気の弱い自分を奮い立たせてます（笑）。

ねじめ　そこで武田さんの『あいうえ　おちあいくん』（ポプラ社、一九九四年）です。主人公のおちあいくんも、確かにそういうタイプですね。嘘《うそ》をつかない。それに、誤解をあまり恐れず、悪びれない。あと、それに加えて、これはアニメの方ですが、一生懸命、楽器を練習しているじゃないですか。これはきっと、楽器を教えているミホちゃんに対して、愛情があるからですよね。

でも、ミホちゃんは意外と嫌な子だったりする（笑）。

武田　意外ときつい子ですよね（笑）。

私にとって、落合さんの素敵なところに「群れない」というのがありますが、絵本の『おちあいくん』にもそこを反映させていただきました。群れないから、何を言うのも自己責任で通せる、という強さ。群れないから、フリーダム。自分と真逆の、そんな強さやしたたかさ、ふてぶてしさをおちあいくんに与えたく、キャラクターを造形しました。

アニメの方の「オチアイくん」は、もうちょっと人間味というか、ふてぶてしさの裏にある、実は照れやだったり、意外にまっすぐだったりというところがわかるようにしてみました。落合さんにも絶対そういうところ、ありますよね！　絵本の方は「やなやつだけど、どこかにくめない」キャラを目指しましたが、アニメで目指したのはもう少し積極的に「ほんとうは、いいやつ」キャラ。ただし、ストレートにやりすぎると落合っぽくなくなってしまうので、「いいやつ」感は、エピソードのなかで小出しに。「やなやつ」感八に対して「いいやつ」感二くらいがちょうどいい塩梅《あんばい》なんじゃないかと思っています（笑）。

ねじめ　それで不思議なのは、落合博満って、あまり子どもと馴染むイメージがないじゃないですか。野球教室を落合が開いたとかって、あまり聞いたことがない。以前、落合と対談したことがあるんですが、「子どもにはどうやって教えるんですか」って訊いたら、「子どもには教えない方がいいよね」って言ってたんです（笑）。「教えると、変な癖がついちゃうから。バットを持って、そのまま振ればいい。大人がダメにするんだ」と。でも落合のそういうところって、子どもの絵本としてはハードルが高いんじゃないですか？

武田　「子どもには教えない方がいいよね」って言い切っちゃうとこが、落合さんですねえ（笑）。

私、絵本で子どもたちに教訓を伝えたい、みたいなタイプの作家ではないし、むしろ古きよき時代のガキ大将のように、まわりの風当たりが強くても自分を貫き通す、そんな姿を素直に描きたかった。もちろん、子どもの本なので、工夫は必要ですが。そういう意味ではハードルの高さはなかったです。私のイメージのガキ大将は、言いたいこと言うけれど、自分の言葉にちゃんと責任は持つんですよ。絵本のおちあいくんは、あまりセリフ、ないですけど。

落合さんは言葉に責任を持つ方ですよね。

ねじめ　確かに落合って、ぶっきらぼうに見えて、実はものすごくひとつひとつの言葉を考えてますよね。意識していないように見えて、言葉の威力や届く距離をきちっと計算している。

武田　本当に、言葉をちゃんと合理的に論理的に、使っていると思います。でもだからこそ、監督に就任したときもマスコミにはあまりコメントしなかった。きっと、間違って伝わることを嫌ったんですね。

ねじめ　落合は、ここまでは自分の言葉、ここからは自分の言葉じゃない、という線引きにとても敏感だと思います。きっと、自分以外の言葉で誤解されるのが嫌なんだと思う。でも自分の言葉なら、誤解されても構わない。

武田　潔いんですね。

子どもにとってのおちあいくん

ねじめ　おちあいくんも、人に嫉妬したり、余計なことを言ったりはあんまりしないよね。

武田　この本を出したときに、おちあいさんという方から出版社に連絡があって、息子が『おちあいくん』を読んだ友達に「おまえ、おちあいくんだ」っていじめられたんだそうです。謝ってくれっていう手紙だったんですが、私はおちあいくんを悪役とは思っていないし、悪役だったとしても実在する名前を一切つけられないのはおかしいと思ったので、そう伝えてもらいました。そうしたら今度は出版社に電話がかかってきて。それでもやはり、謝るのは違う、と思ったので、正直に「自分は、落合さんという野球選手が大好きで愛情を持って描いています。そんなつもりではありませんでした」と手紙を書いて、送ってもらいました。

結局、それで納得してくださったのか、それ以上はなかったんですが、私にとっては、自分にないものを追い求めて描いた憧れのキャラが、ただの悪者だと思われていたのがちょっとショックだったんです。

ねじめ　おちあいくんが、何で悪役なんだろう。過剰なところはあるけど……。『おちあいくん』の読者は男の子と女の子、どっちが多かったんですか？

武田　ファンレターは男の子が多かったです。

ねじめ　『うしろのせきのオチアイくん』の方で、女の子はミホちゃんに対して「あ、この子、けっこう考えてるな。ちょっと嫌な子」なんて思ったんじゃないかな。

武田　アニメの方ですね。

ねじめ　オチアイくんは、特訓にすごく一生懸命で、でも、ミホちゃんには全然通じない(笑)。この通じないところがいいね。

武田　そう。ちょっと気の毒(笑)。ひとくくりにいじめっ子、と言ってしまうとそういう部分が見えないのですが、「ガキ大将」って実は裏側で、人に優しかったり、一生懸命何かを伝えようとしたり……。落合さんも、そういう人だと思ってます。勝手に。実はものすごく真っ当な人なのでは。

おちあいくんは悪い子なのか？

ねじめ　おちあいくんって、どこまでが落合博満で、どこからが別のキャラクターなんでしょうか。

武田　このお話に沿ったキャラクターに、自分が一番そのときに尊敬していた落合さんのイメージを重ね合わせたので、すごく似せたわけではないんです。ただ、ふてぶてしさとか、強さ、揺るぎなさ。そういう落合さんっぽさは出したかったです。

ひとつだけ、少し後悔していることがあります。『あいうえ　おちあいくん』の裏表紙、おちあいくんがバケツを持って立たされているのですが、これは私の逃げです。実は本の企画が最初に持ち上がったとき、ちょうど、いじめが社会問題になっていて、それで、いじめっ子の主人公が我が物顔の本はいかがなものかと、終盤で本の企画がボツになってしまった、ということがありました。それで、改めて本が出ることになったときにも、叱られているおちあいくんを載せることで、逃げを打ってしまいました。おちあいくん、笑ってはいるのですが……。ちょっと、申し訳ない気持ちでした。

ねじめ　でも、笑ってるし、ずいぶんバケツも小さく見えるよね（笑）。おちあいくん、全然懲りてないよ。

落合が野球を見る目

武田　絵本のおちあいくんはちょっと暴力をふるっちゃってますけど、落合さんが鉄拳制裁を嫌っているのも私はすごく好きなんです。

ねじめ　そうそうそう、暴力反対だもんね。おちあいくんも実は暴力反対ですよね。

武田　絵本のおちあいくんは、ゲンコツでゴン！　くらいはやってます。うーむ。ただし、あれでも手控えているんです。たぶん実力の二〇％の力しか出してません。彼なりに相手との力量の差を考えていると思います。許してやってください。

私、落合さんが暴力反対と知って、ますます落合派になったんです。その辺が、同じドラゴンズの監督の星野仙一さんともちょっと違う。星野さんは、スポ根漫画の熱血監督みたいな人でしたから。厳しく怖いカリスマとして、チームを束ねてた。

ねじめ　星野さんは、やっぱり、監督という座布団の上にいつもいる、そういう意識の人だったよね。でも、落合は自分が監督という座布団に座ってることをときどき忘れてる。

武田　そうそう。だからこそ「僕は野手出身でピッチャーのことは知らないから、森繁に任せる」なんて言えちゃうんですかね。「このチームを強くする」という最終目標に適《かな》えば、別に自分がピラミッドの頂点にいなくてもいい。

ねじめ　プロ野球選手はほとんどがそうじゃないかと思うんだけど、「私」の意識が強いやつって、たとえ大きな当たりを打ってもグラウンドの隅で打ってるだけなんじゃないかな。でも、自分以外も含めた複眼的な目で見ると、グラウンドを全部使った野球ができる。こんなに楽しいものはないじゃないか。そういうのが落合の考え方だと思うんです。

武田　普通の野球人とプライドの持ち方がちょっと違うんでしょうか。俺は監督だぞ、みたいな、立場や地位へのプライドはまったくなくて、でも、野球選手としての自分に対する責任とプライドはあるから、最初は首位打者を連続して獲りたい、やがて三冠王をもう一度獲りたい、とはなる。権力や地位志向じゃなくて、とても合理的ですよね。

繰り返しちゃいますが、やはり、何といっても群れないスタンスが格好良い。彼の、社会との向き合い方に瞠目《どうもく》して、自分もそうありたいって強く思いました。落合さんの代名詞「変人」は、村社会的気質というか、群れに属して、必要ならば忖度することもよし、とする日本人的気質とは相容《あいい》れない、おのれにとって「真っ当なこと」を貫く態度から冠されたと思ってます。きっと、新人時代でも、東芝府中の臨時工だったときでも、いつでもどこでも変わらなかったんだろうなぁ。「なにを偉そうに」と、事あるごとに言われたでしょうし、生きにくいこともいっぱいあったかも。村社会の日本で彼は「異端」ですから。でも、私には、まごうかたなきヒーローです！……なんか私、すごい語《かた》ってますね。すみません（笑）。

ねじめ 僕、武田さんには落合を受け入れる素養が元々あったんじゃないかと思っているんです。それは、映画制作のお仕事をされていたお父さまと関連していて、映画関係者が武田さんの家に出入りしていたと何かで読んだことがあります。お父さまの時代にいた「ヘンな人」たちの匂いを、武田さんも知っていて、彼らと落合に通じるものを感じたのではないかと思いました。どういうことかというと、落合は東芝府中に臨時工で入ってます。彼が中日の監督になってからも財界人に挨拶せず、球団幹部を困らせていたのは、そのときの社会や組織の隅っこにいた目線があったのではないかと思っているのですが、僕は武田さんがそれを見抜いていたような気がするんです。

武田　確かに、父のまわりにいたような独立プロ系の映画人には、「落合的」なところがあったかもしれません。反体制、アンチ権力、アンチ中央という意味で、落合さんと重なる部分もあると思います。長いものに巻かれたり、忖度したりせずに、絶対多数に与《くみ》しなくとも正しかったら自分を貫くところは、きっとカブってますね。

落合が育てた選手たち

ねじめ　監督最後の年にセ・リーグ優勝したとき、落合は坂井克彦球団社長と握手しなかったんですよね。坂井さんが、握手を求めてるのに。やっぱり、妥協したら自分じゃなくなる、人生をかけて握手しない、みたいな気持ちがあったんだと思う。

武田　選手ともハイタッチしたり、抱き合ったりしないですよね。

ねじめ　井端《いばた》弘和が打って盛り上がってるときに、ランナーとして帰ってきてた荒木雅博の走塁を怒ってたもんね（笑）。

武田　ですね！（笑）。でも、落合さんって、とにかく何かをよく見ている人って感じがしませんか。相手のピッチャーでも、人のバッドスイングでも。山川が落合さんに教えを乞うたというのは、それだけに「おっ」と思いました。

ねじめ　それもシーズン中だよ。打撃コーチだっているのに。

落合を慕う選手って、やっぱりちょっと変わったやつが多いと思います。英智《ひでのり》という選手がいたけど、彼は小さいときから落合の大ファンで、三〇歳半ばでやっと一軍に定着した。ほとんど守備固めだったんだけど、けっこうノーバウンドで本塁に送球して走者を刺すんです。フライも、転びながらでも塀によじ登っても、もうともかく捕って捕って捕りまくった。英智がそういうプレーをすると、チームがすごく盛り上がった。地味だけど、英智はすごく大きい存在です。落合が二〇一一年に現場を離れると、翌二〇一二年で彼も引退してしまいました。

引退式がまたすごくて、もうロックンローラーなんです。「今日は一球だけお母さんのために遠投します」って、引退式でホームから外野に向かって遠投する。そしたら、ポールに当たるんだ（笑）。「ひーでのり、ひーでのり」コールで、球場ものすごく盛り上がって。登場曲がザ・ハイロウズっていうのもよかったな。

武田　いいですねえ！（笑）

日本の野球界には落合の言葉が必要だ

ねじめ　でも、若い選手で落合に指導してもらいたいという選手がいたら、それができる環境をつくらなくちゃいけないですよね。自分のチームの打撃コーチに遠慮するんじゃなくて、困ったら先生に訊きに行ける落合道場みたいな、そういう存在ってどうなんだろう。

武田　そうですね、誰も教われない今の状況はもったいない。自分の持っているものを押しつけないで、その選手を見て声をかけられる能力って、とても貴重だと思います。たとえば絵の世界でも、優れた絵描《えか》きが優れた美術教師になれる保証はない。でも、落合さんは選手としての天賦の才だけでなく、人に有益なことを伝える能力もありそうです。落合道場、ぜひ！

ねじめ　今、中日に残っている選手で、平田良介はどうでしょう。当たり始めると止まらない感じもそうだけど、ファンの飛ばしたヤジに怒ったことがあったじゃない？　あれを見て僕は、平田の苛立《いらだ》ちを感じました。平田は中日のリーダー的存在です。落合は、平田が首位打者ぐらいは獲れると思っています。平田は、落合がグラウンドからいなくなってからモチベーションを失っています。平田には、グラウンドを自由に使って打ってもらいたいです。グラウンドを広く使えるスイングを見つけて欲しいし、もっと楽しく野球をやってくれれば中日の優勝も夢じゃない。平田の新しい姿が見たい。平田には化けて欲しい。

武田　すごいエールですね。落合さんも、平田さんの評価、最初から高かったですよね。ドラフトのとき「平田は俺以上の選手になる」って言ったので、びっくりしました。あの落合博満がそこまで言うなんて、それってどんなすごい選手？　って。潜在能力は確かにものすごく高い感じ。でも、波がある印象。オニのように打ちまくるかと思うと、がたっと打てなくなっちゃったり。

今は亡くなった父との約束でベイスターズファンなので、敵側から観ているんですが、ベイスターズの中継ぎの柱のひとり砂田選手は絶好調なときでも、なぜか平田さんに打たれてたんです。何をどこへ投げても、たぶん八割くらい打たれていた。ホントにかるーく打っちゃうんです。相性いいからか、能力全開って感じで。あれが、本来あるべき平田さんの姿なのかも。平田さん、井端さんが退団して背番号6になったとき、GMだった落合さんが「その番号、誰がつけていたか、知ってる？」と訊いたら「知りません」と言ったみたい。本当に知らなかったらしいです。でも、落合さんの背番号を継いだんですから、縁があったんですね。タイトル狙って欲しいです。

ねじめ　武田さんが応援している、ベイスターズに「落合的」な選手はいますか？

武田　あ……それ訊かれるかもって思ってました。大洋ホエールズファンの父の影響で何となく野球観て何となく応援していたんですが、実はそんなに野球そのものに詳しいわけじゃなくて、采配とかもっとわかったら、もっと楽しいだろうなと思って、観戦ノートをつけるようになりまして……。

ねじめ　それはすごい。

武田　監督がいつ誰を抜擢《ばってき》したかが、一目瞭然なんです。あと、選手メモもあるんです。テレビの解説者のコメントとか新聞の記事とか書きとめたり。オタク作業、意外と好きで（笑）。それで、対談の前にねじめさんの言う「落合的」な選手を探していたんですが、なかなかいなくて……。

ねじめ　宮﨑敏郎って、ちょっと「落合的」じゃない？

武田　確かに、広角に打てるタイプの選手ですよね。

ねじめ　そう。それに、思考も単純じゃない感じがする。

武田　宮﨑選手は二軍が長くて、なかなか上がってこられないのでは？　と思っていました。それが急成長を遂げて……。野球勘と野球脳が働く方《かた》だと思います。

実は今、プロ野球カードでＤｅＮＡの選手を少し描いてるんです。宮﨑選手を描くときに、いろんな資料を見るんですが、フォームが変化している。常に考えている感じがしますね。

ものすごく才能のある選手です。性格は落合さんより可愛い感じかも（笑）。

ねじめ　余談だけど、落合が文字通り育てた息子の福嗣《ふくし》くんは、どうでしょう。まあ実際には、信子さんに抱っこもさせてもらえなかったらしいけど（笑）。

武田　そうなんですか？（笑）　福嗣くん、『グラゼニ』で主役の声優をやったんですよね。立派になっていて、びっくりしました。はまり役で、舞台挨拶のコメントも上手でした！

ねじめ　福嗣くんも声優として腕を上げましたね。声も安定している。お父さんの落合は、好きな道を見つけてくれて嬉しいと思いますよ。福嗣くんにも、落合の言葉が届いていたのかな（笑）。

でも、こういう、あらゆるスポーツが大変な時期にこそ、落合の言葉って耳を傾けたくなります。落合の野球って、監督一年目は、とにかく冷蔵庫に入っているもので何か拵《こしら》えよう、つくるなら一番美味しい料理をつくろうって、そういう発想だったと思う。それは、こういう大変なときにこそ必要な発想じゃないですか？

武田　落合さんって、そのときどき、これが一番大事という核を見極めて、そこに向かって行動したり、発言したりしますものね。

ねじめ　そうだよね。それもいいことを言おうとするんじゃなくて、ちゃんと言葉を探しながら、その過程を隠さずに話してる。

武田　もう一回、落合さんが現場に戻ってきたら面白いですよね。この本で、引っ張りだして欲しいです。どこの監督がいいかな……。

ねじめ　いや、どこのチームでもいいんです。どういう形でも、今、野球界には落合の言葉が必要だと思います。

第二章　思い出の落合博満　ねじめ正一のエッセイから

あの歯ごたえと苦みをもう一度

「最近のメディアは、サッカー日本代表なら『ジーコ・ジャパン』のように監督の名前を頭に付けますが、私は『落合・中日』ではなく、『中日の落合監督』だと思っています。あくまで主役は選手たちです。その選手たちの能力を最大限に引き出して戦っていきますので、彼らの雄姿を球場に観にいらしてください」(「週刊ベースボール」二〇〇三年一〇月二七日号、ベースボールマガジン社)

落合は、こう宣言して二〇〇四年、中日監督に就任した。

監督一年目、初日のキャンプで一軍・二軍合同練習と紅白試合を行った。これは、それぞれの選手が自分の能力を自分自身で正確に、そして正当に認識するためであった。

自分はあの選手、この選手と較《くら》べて、何が足りなくて何が勝っているのか。どのくらいのレベルなのか。自分の目で見させて、自己判断させたかったのだ。一軍だけでなく二軍も一緒になって数が多くなれば、より客観性が増し、明らかになる。自分で自分のレベルに気づかせ、納得させるのが狙いであった。

プロ野球選手は意外に、自分はコーチに干されている、とか、嫌われている、とか、自分の力量が人間関係に左右されていると思いがちだ。だが、落合はそういう、野球から離れた考えを払拭すると同時に、落合自身も監督としてたくさんの選手を、ひとりひとり公平な目でしっかり見たかったのだ。

先述したが、落合博満は食いつきにくいホヤのようだ。でも、一度食べると忘れられない味になる。

そのホヤに、病みつきになって応援してきた私は、今ここにきて、もう一度、あのときのホヤの歯ごたえと苦みを無性に確かめたくなって、落合監督復帰を心から願っている。だが、そうは簡単にいかないのもまた、落合博満なのである。

二〇〇八年、開幕戦前日

二〇〇八年、中日開幕戦の前日、中央線のつり革に摑まって薄曇りの空を電車の窓から眺めていたら、携帯が鳴った。二〇年以上の知り合いの某スポーツ新聞の記者からだった。私は次の駅で降りて掛け直した。

「ねじめですが……電車のなかで電話に出られず、すいません」

「実は落合監督がねじめさんにお話があります。今、代わりますので……」

私はドキッとした。落合監督とは一九九八年にＮＨＫの番組で対談して以来、十年振りだった。

「落合です。どうもお久しぶりです。ねじめさん、今度、本を出しますよね」

私は翌月に落合博満の本を出すことになっていた。

そのことで何か不手際があり、落合監督を怒らせてしまったのではないかと、私の心臓は大きく鳴った。

「いやいや、直接ねじめさんには関係のないことですが、出版社から私のところに企画書がまだ届いていないんです。企画書を出すように言ってください」

不手際と言えば不手際なのだが、落合監督の言葉に半分ホッとしたような申し訳ないような気持ちで、私は、

「それは大変失礼しました。急いで企画書を送らせます。開幕前の大変なときに、煩わせまして、本当にすいません」と謝った。

「いや、開幕前っていろいろなことが起きるんです。とにかくねじめさんには問題ありません。出版社に企画書を出すように言ってください。それだけはお願いします」

落合は紳士的に返してくれた。

そして最後に、とても冷静でフラットな口調で言った。

「私は、この本に加担しませんから」

加担しません？

突然の「加担」という言葉の尖鋭《せんえい》的な響きと、落合の穏やかでフラットな口調とのギャップに、私は「加担」が何を意味しているのか理解できなかった。

その後、電話を代わった担当記者が、私の本を出版する出版社に落合は怒っているのだと言うのだ。この出版社が出している週刊誌が、落合の家族についてあることないことを、スキャンダラスなタイトルをつけて書き、中傷しているのだ。後日、私はその記事を読んでみた。醜悪な内容だった。

私はやっと、落合の「加担しません」という突然の言葉が腑《ふ》に落ちた。そして、「加担しません」が、闘う男の落合らしい言葉だと思った。

落合は、出版社に怒っている。

この週刊誌の問題は、私がこの出版社から本を出すこととは無関係だが、落合博満に関する本だから、企画書は見せてくれということなのだ。当然のことだ。落合の申し出は筋が通っている。

出版社に対する気持ちと私に対する気持ちに折り合いをつける一番正確な表現が、まさに「加担しません」という言葉だったのだ。

落合ほどプロ野球の世界で闘ってきた人はいない。にもかかわらず、グラウンドでも記者会見の席でも、メディア出演でも、かっとして取り乱した落合の姿を一度も見たことがない。

それは落合が、多くの挫折や悔しい思いや失敗をプロ野球の闘いのなかで克服し、それらの思いをすべて体に覚えさせ、それを言葉で表現する人だからだ。

落合は、どこまでも正確な言葉を持つ理性の人なのである。

二〇〇八年、中日開幕戦の前日、またひとつ落合の人間性を発見した貴重な日であった。

思い出のブランコ

私は落合の、八年間の監督生活のなかで、トニー・ブランコ選手のことをかなり強烈に覚えている。ドミニカ共和国出身で、森ピッチングコーチがドミニカまで出かけていって探してきた選手である。

ブランコ選手が来日したのは二〇〇九年であった。そのシーズンの中日は、前半こそBクラスをうろうろしていたが、後半戦になってぐいぐい追い上げ、喜ばせてくれた。

歳《とし》は二八歳、身長一八八センチ、体重一〇二キロ。筋肉質のがっちりした体格で打つわ、打つわ、どデカいのをガンガン飛ばす。

なかでも驚いたのは五月七日、対広島戦で前田健太から打った、ナゴヤドームの天井スピーカーを直撃する一発であった。あれはすごかった。私が見た打球のなかでは最高であった。天井スピーカーの高さは五〇メートル、推定飛距離一六〇メートル。あんな打球をバカスカ打たれたら、対戦投手はたまらないものだ。

しかも、その翌日、東京ドームでの巨人戦で今度は左中間の看板の上を直撃する特大ホームランを打った。この二本のホームランで薄情な中日ファンである私は、去年までいたタイロン・ウッズと中村ノリ（紀洋《のりひろ》）をさっぱり忘れてしまった。

そんなわけでブランコ選手のホームランにすっかり魅了された私は、一度ナゴヤドームであの超特大ホームランを見たいものだと願っていたのだが、すぐにチャンスが訪れたのであった。

ナゴヤドームのチケットが二日続きで手に入ったのだ。試合開始前に行われるブランコ選手の打撃練習を、どうしても見たかった。

中日の打撃練習は開門前に行われるために、ずっと見ることができなかったのだが、ブランコ選手が入団してからは、練習とはいえあのホームランをファンたちに見せないのはもったいない、ということになって、一日三〇〇名限定で見学できる日を設けることになった。落合監督のときには、こんなファンサービスもちゃんとやっていたのだ。

当日、私が列に並んだのは午後二時半であった。夏休みとあって、親子連れがたくさん並んでいたのだが、運よく三〇〇名のなかに入ることができた。

ほかの選手には申し訳なかったが、この日だけはブランコ以外の打撃練習を見ていても上の空であった。ブランコ早く！　ブランコ早く！　と、ブランコ選手が登場するのを待ちこがれていた。

ブランコ選手は、その四日前のヤクルト戦で左肘に死球を受けて途中退場していた。その左肘の怪我《けが》の具合も気になっていた。

球場がざわつき始めた。待ってました！　ブランコ！　いよいよブランコ選手の打撃練習が始まった。やっぱり左肘を気にしているようで、思いっきり引っ張らずに軽くライト打ちに徹している。

力を入れずにライト方向に打つのだが、それがそのままライトスタンドにぽんぽん入っていった。私の目から見ても、ブランコの調子は落ちている。その落ちた調子を上げるには、本気モードになってガンガン打ってはいけない。軽くライト打ちに徹するのがよいのだと、ブランコ選手はわかっている。軽く、軽くと自分に言い聞かせながら打っている。

ライト中心の打撃がだんだんセンター中心になってきた。バットの振りが強くなってきた。

体が前に突っ込まず、そのままくるっと回転するように打った。落合監督の現役時代を彷彿《ほうふつ》とさせるフォームであった。

そういえば、落合監督の現役時代のホームランはふわっとボールが上がって、ホームランだと確信を持つまでに時間がかかった。

だからといって、観客席最前列にギリギリで入るせこいホームランではなかった。省エネホームラン、余計なエネルギーは使いたくない、というホームランであった。爪楊枝《つまようじ》でゴマを弾《はじ》くように打っていた。まさしく日本人野球の匂いがしたのだ。

ブランコ選手からは、体格は目を見張るほど大きいのだが、不思議に日本人野球の匂いがしていた。落合監督に引きだしてもらった自分の素質をどうやって磨いていけばよいのか、ああでもない、こうでもないともがいていた。

その証拠にブランコは、三振数はかなり多いが、気を抜いたスイングを見たことがない。

そのことを落合監督はわかっているから、不調のときもブランコを四番から外さなかったのであった。

打撃練習のあとで始まった試合は、チェン・ウェイン（二〇二〇年末、阪神タイガースと契約）の好投で中日が勝ったものの、ブランコは残念ながら内野ゴロばかりで、ホームランは見ることができなかった。だが、私にとってブランコは中日の外国人選手のなかで落合監督と一番つながりの深い選手であった。

落合博満を楽しませた男

落合が中日の監督のときに、蔵本《くらもと》英智という選手がいた。後に苗字《みょうじ》を外し、英智と登録名を変えた。中日の選手のなかでは体の大きな方ではなかったが、肩が強いし守備が上手だった。落合が監督になった一年目から、守備固めで九回から試合に入っていた。その試合の流れで、外野のポジションはどこになるかわからない。

九回に英智が守備固めに入ると、不思議と英智のところへ難しい球が飛んでくる。英智はそれを軽く捌く。いやいや、ギリギリで飛び込んでキャッチすることもあるし、ホームにノーバウンドで返球してタッチアウトにすることもある。

ともかく足が速い。肩が強い。動きがよい。躊躇しないで飛び込んでいく。

しかし、ときには失敗もある。ランナーがいて、レフト前ヒットを打たれたときに、英智はホームで刺そうと前に突っ込んだ。だが、そのまま股下を抜かれサヨナラ負け。悔しがり方は半端なかった。膝をついて、しばらく立てず、本当に悔しがっていた。

それでも、英智は一回きりの出番で、見せ場をつくるのだ。落合はその才能を見抜いて、必ず使う。迷いなく使う。

英智は、落合の計算通りに動いてくれる控え選手のナンバーワンである。自分の役割を充分に果たした選手だ。落合の守りの野球では欠かせない存在であった。

英智はときどきバッターボックスにも入った。テーマソングはザ・ハイロウズの「日曜日よりの使者」と、RCサクセションの「雨あがりの夜空に」である。

英智は脚が細くてスタイルがよく、顎に鬚《ひげ》をたくわえ、一見、野球選手には見えない。ロックンローラーのような風貌にも見える。ふたつの曲で自らのテンションを上げマイナス・オーラを吹き飛ばし、観客に元気溌剌《はつらつ》としたプレーを見せるのが、自分の使命だと信じているのだ。

ではなぜ、英智はそういうプレーを観客に見せたいと思うのか。それは、落合監督が彼にそういうプレーを期待していたからだ。英智は、どんなときも落合の期待に応えたかったのだ。

英智は子どもの頃から落合のファンであった。その落合が中日の監督になったときに、一番喜んだのは英智であった。落合の存在が身近になることで、野球が楽しくて楽しくて仕方がなかった。落合と野球ができる幸せを感じて野球をやっていた。

この英智が二〇〇六年、二試合連続でお立ち台に上がったことがあった。

一試合目のお立ち台では、

「代えられるんじゃないかと、ベンチを四回見たのですが、自分の音楽が鳴りだしても（落合）監督がベンチから出てこないから、これは代えられないと思ったので、頑張りました」

二試合目のお立ち台では、

「今日は監督に代えられない自信がありました。バッターボックスでちょっと間を外したのは、いい打者はこんなふうに間を外すことがあるな、と思って。それがよかったです」

と、言っていた。

英智のなかには、いつも落合監督がいるのだ。落合監督にファインプレーを見せたいのだ。いつも、落合の照り返しを受けながら野球をやっているのが、本当に楽しそうだった。

二〇一二年、英智の引退セレモニーは最高であった。恐らく何も考えず、その場で即興の挨拶をしていたが、本当に言葉が生き生きしていた。

二〇一一年に監督を退いていた落合は、この引退セレモニーにはいなかった。

英智はセレモニーの最後、一度も試合を観にきてくれなかった母親のために、ライトスタンドに向けて遠投した。彼は、このシーンを落合監督に球場で観て欲しかったにちがいない。

英智は最後の最後まで、落合の期待する見せ場をつくった選手であった。そう言っても過言ではない。

静岡・田子《たご》

もう二〇年以上前になるが、老舗《しにせ》の鰹節屋《かつおぶしや》さんからさりげなく教えてもらった鰹節が静岡・田子の鰹節であった。江戸の末期から明治初期の古式鰹節製法を今も正しく守っているつくり方であった。

古式鰹節製法は、三枚におろした鰹を茹《ゆ》でてから、広葉樹の薪《まき》で燻《いぶ》す。表面が黒くて昔からよく見る鰹節であるが、田子でつくっているのは本枯節《ほんかれぶし》といって四番カビか五番カビまでつけた鰹節のことである。

いやいや、私は鰹節の能書きをここで展開したいわけではない。

本枯節をつくっている静岡・田子の町に出かけていって、田子の古式鰹節製法を教えてもらっているときに古式鰹節屋の主人から、「あの、ねじめさんって野球が好きですよね。あの落合が毎年のようにシーズンオフに田子に来るのは知ってましたか」と訊かれた。

私は正直言って落合が毎年、シーズンオフに田子に来ることを知らなかった。

「ああ、そうなんですか」

「田子には落合と仲のよい大物歌手がいて、その歌手の別荘にシーズンオフになると来るんですよ」

「落合のシーズンオフの息抜きですよね」

「そうなんですよ。でも、去年は違っていたんです」

「何が違っていたんですか？」

「ここから近い田子中学校で長嶋一茂《かずしげ》と落合が一緒に練習していたんですよ」

「そこの田子中学校ですか」

「そうなんです」

考えてみれば、一茂くんはヤクルトの選手で、落合は中日の選手であった。野村監督に反旗をひるがえして、一茂くんは決死の覚悟で落合の門を叩《たた》いたのだ。

今では他チームの選手に教えを乞うというのは当たり前のことになっているが、たぶん落合と一茂くんのケースが日本プロ野球史上初めてのことだった。

田子の人たちは落合、一茂の練習風景を見たくて、田子中学に集まった。この古式鰹節屋で働く人たちもみんな見に行ったと言った。

その後も田子の鰹節をつくる人たちに何度か会ったが、この田子での落合と一茂くんのシーズンオフの話は必ず出てきた。今はもう、大物有名歌手の別荘はなくなってしまって、落合がシーズンオフに来ることもなくなってしまったが、田子の人たちにとって落合の思い出は強く残っている。

実際に私も田子中学のグラウンドを見に行ったが、それほど広くはなかった。落合と一茂くんが伸び伸びと練習した感じはないが、かえってふたりの結びつきの強さを感じた。

一茂くんは、野球がうまくなりたいという思いが強くて落合の胸を借りるつもりで、頭のなかはいっぱいであったが、胸を貸す落合はヤクルトを敵に回すことにもなるし、悪《あ》しき習慣だと思われても仕方なかった。でも落合は、そんなことはお構いなしで一茂くんに野球を教えたのである。

あの槙原寛己《まきはらひろみ》投手の完全試合のときにサードが一茂くんで、ファーストを落合が守っていたことを私は忘れない。

もう一度、なぜ落合博満なのか

私が落合博満に興味を持ったのは、ロッテ時代でもなく、中日時代でもない。

彼が第二次長嶋監督二年目の一九九四年、巨人軍にFA権を行使して入団してからである。

落合が私と同じように、幼い頃から〈長嶋茂雄〉ファンであることはよく知っていたが、何よりも、巨人軍入団記者会見で、

「私は長嶋監督を胴上げするために巨人に来ました」

ときっぱり明言したことに感動した。それ以来、私は落合博満をずっと観察し続け、野

球人・落合博満の魅力に嵌《は》まっていったのだ。

私は巨人の春の宮崎キャンプに出かけて、初めて落合の生の姿を見たが、素人目には落合がマイペースで練習しているように見えた。

作家の故・安部譲二氏もそのキャンプに来ていて、落合の姿を見るなり「落合、てめえ！　ちんたらやってんじゃねぇよ！」と野次っていたのが、今でも記憶に残っている。

ところが開幕すると、落合はきちっと野球の体になっていて、巨人の一員として四番を打ち、ファーストミットを持って一塁を守っていた。

興味本位で落合を追い続けているうちに、私が〈落合ファン〉になったきっかけは、堀内恒夫《つねお》コーチでもある。

テレビ中継を観ていたとき、巨人がピンチになり、背番号70の堀内コーチがベンチから出てピッチャー・マウンドに近づいていった。すると、落合もマウンドに行って、ファーストミットを腰の後ろに当て、堀内コーチが投手に指示している言葉を聞き漏らさないよう、じっと聞いている姿が映された。その落合の顔つきがヘンだった。

堀内コーチの言葉が聞こえたわけでは当然ないが、落合は、堀内コーチの言葉を真剣に聞く表情の合間に苦笑いらしきものを浮かべていたのだ。

たぶん、その指示が、落合の考えとは違っていたのだと思う。

堀内コーチの一言によって野球が違う方向に転がっていく可能性だってある。長嶋巨人を優勝させるための、落合の思っている野球と堀内コーチの思っている野球の違いを、落合は顔つきで表しているようだった。

だから、堀内コーチがベンチから出てくると、私の落合アンテナはびびびっと動き始めて、堀内コーチの動きを徹底的に捉えていた。

落合は堀内コーチを、どこを見ているのかわからない目つきで見ていて、しかし耳は一言も聞き漏らすまいとしていた。堀内コーチの指示をちゃんと聞きながら、自分なりの野球の流れを考えていた。

堀内コーチが投手交代を告げても、落合を見ると、この流れではまだこのピッチャーを使った方がいいのに、とか、今頃来てももう遅い、とかいう顔をしている。

きっと、堀内コーチだけでなくほかのコーチ陣も、落合の顔つきや目つきを見ると、自分のコーチとしての能力を見抜かれているような気分になったはずである。

だが落合は、コーチ陣にどう思われようとそんなことはどうでもよく、長嶋巨人を日本一にすることしか頭のなかにはなかった。落合の野球は、長嶋巨人を日本一にするための野球であった。

私も、長嶋監督には絶対に日本一になってもらいたかった。第一次長嶋巨人はリーグ優勝をした経験はあるが、日本一になったことがない。落合の「長嶋監督を胴上げするために巨人に来ました」という言葉を聞いたときから、私の長嶋巨人日本一に対する願いは一層強くなって、落合に対する期待度がどんどん増した。落合の記者会見の言葉を、暇があれば何度も何度も反芻《はんすう》し、ときには野球中継を観ながら、私も落合と一緒に一塁を守っている気分になっていた。落合と私はすっかり同化していた。

落合は入団一年目で、長嶋巨人をセ・リーグ覇者にした。いよいよ、入団会見での宣言通り、長嶋巨人日本一に向かっての正念場である。

しかし、リーグ優勝を決めた「10・8」の中日戦、三回裏で立浪和義《たつなみかずよし》の打球を捕ろうとして、落合は右内転筋肉離れを起こし、中畑《なかはた》清に担がれて退場した。その怪我で、落合の西武との日本シリーズ出場は絶望的だろう、と、多くの人が思っていた。だが何と、落合は日本シリーズ三戦目に四番指名打者（ＤＨ）で登場したのだ。

落合の出場は選手たちにも意外で、相手チームは動揺したにちがいない。

なぜなら、あの百戦錬磨の名手・辻がミスをしたのだ。一回表、二死二塁。落合の打球はセンター前を抜けるような当たりだったが、怪我をしていてまともに走れないことを考えれば、悠々アウトにできた。だが、西武のセカンド・辻は落合の打球を必死に捕ったとき、三塁を回っている川相昌弘《かわいまさひろ》の姿が目に入り、そちらへ投げて暴投してしまったのだ。

落合が怪我しているのを忘れていたのかもしれない。

怪我の完治していない落合が足を引きずって一塁に懸命に走っていた。

本当のことは知る由もないが、私は、長嶋監督に落合自ら出場したいと願いでたにちがいないと思っている。落合は、足を引きずってでも自分が出場することによって、試合の流れを巨人の方へ持ってくることができると信じていたのだ。この、落合の体を張ったプレーが長嶋巨人に日本一を手繰り寄せ、一九九四年日本シリーズで「長嶋監督を胴上げする」ことを実現させた。今でもそう思っている。

三年後、落合は巨人を退団し、日ハムで二年野球をして選手を引退した。そして、浪人時代を経て二〇〇四年、中日の監督に就任した。長嶋茂雄から解放された私は、落合中日を本気で応援することにした。

監督になった落合の大命題は、これから始まる闘いで中日を勝利させることであった。時間のない中、今ある戦力をどこまで底上げできるかが勝負の分かれ目だ。

キャンプ初日は紅白戦であった。それも一軍、二軍の合同だ。すべての選手たちを同じスタートラインに並ばせれば、選手たち自身が、客観的に見て自分にどのぐらいの力量があるかを見極めることができる。それができない選手は、プロ野球ではやっていけないと落合は思っている。

落合にとっても、全選手の力量を短時間に自分の目で確かめることのできる合理的なやり方だ。

ピッチング練習場も広げて、横並びにたくさんの投手が投げられるようにして、自分の投げるボールがほかの投手と較べてどうなのかを意識させた。

選手の評価と力量が一致しているか、埋もれた才能を持った選手を見逃していないか。評判や情報、他人の目に左右されず、自分の目で落合は選手を選別していった。

「落合監督の元ではドラフト新人が育たなかった。いや、育てなかった」と言われるが、落合にとっては、ベテラン選手もドラフト新人選手も、シーズンの始まりには同じ俎上《そじょう》にいる選手だった。自分の目で、今シーズンを闘える選手を選ぶだけなのだ。

しかし、選手たちがプロとしてもう一段、高いところに行こうともがき悩み、努力していれば、落合は惜しまず力を貸す。

落合の持論は冷徹であり、シンプルである。

そして、この持論から導かれる落合野球の面白さは、僅差のゲームにある。これは、落合が長嶋巨人で学んだことかもしれない。

長嶋野球は、圧倒的にすごい選手を集めて、圧倒的に勝って、圧倒的にファンを喜ばせたが、落合野球には圧倒的という言葉はいらない。それは、野球というスポーツが圧倒的に勝つスポーツではないと知っているからだろう。とても繊細なスポーツだと思っているのだ。だからこそ、落合監督は僅差のゲームを逃げ勝つことに野球の醍醐味《だいごみ》を感じていた。

僅差のゲームに勝つには、ストイックな練習量が必要である。

落合中日の一年目に巨人から移籍して、選手としてもコーチとしても落合と一緒だった川相昌弘氏とこの本で対談したときに、「もう一度、落合と野球をやりたいですか」と尋ねた。

「やりたいです」とすぐに答えてくれると思っていたら、「もう、いいですね」と答えた川相の表情が「あの厳しい練習をもう一度やると思ったら、ぞうっとします」と、言っているように見えた。

もし、川相にしたのと同じ質問をしたら、落合監督の下で闘ってきた井端も、荒木も、森野将彦《まさひこ》も、英智も同じような顔つきをしそうである。

それでも、私はもう一度、落合野球が観たいのである。過酷な練習の果てに変貌する選手も見てみたいし、テレビに映る落合の表情や動きから、何を考えているか紐解《ひもと》く楽しみも取り戻したいのである。

第三章　【対談】野球談義は塁上からベンチへ

——落合博満を追って巨人を飛びだした男・川相昌弘

川相昌弘（かわい　まさひろ）

元プロ野球選手。一九六四年、岡山県生まれ。岡山南高校では投手として甲子園に春夏計二回出場。一九八二年、ドラフト会議で読売ジャイアンツから四位指名を受け、内野手として入団。守備力とバントで存在感を示すと、二番遊撃手として活躍した。二〇〇四年、落合博満監督の中日ドラゴンズへ移籍、二〇〇六年に現役引退後は中日、巨人のコーチを歴任。通算犠打数五三三は世界記録、ゴールデングラブ賞六回受賞。現在は野球解説者を務めている。

川相さんはゼロに戻すことができた

ねじめ　川相さんの著書『明日への送りバント』（ＫＫロングセラーズ、二〇〇五年）を読んでいたら、「詩人で作家のねじめ正一さんは、スポーツ紙のコラムで『人間、ゼロに戻すことはなかなかできないが、川相はそれをやってのけた』と書いてくれました」という文章が僕の目に飛び込んできました。そのときは嬉しかったです。僕の思いが、川相さんに届いていたのだと思いました。巨人というものを背負いながらプロ野球選手としてやってきた川相さんが、落合さんに声をかけてもらって中日に行くと決めたときの思いから、まずは伺いたいなと思います。落合さんが監督をやることはもちろん、最初からわかっていたわけですよね。

川相　声がかかったときには、落合監督に決まっていました。
　僕自身は、まず現役選手としてもう一回チャレンジしてみたい、引退宣言は一度しましたが、もしどこからもオファーがなかったら、そのときが本当の引退だ、というふうに思っていたんです。でも、以前に現役でも三年間巨人で一緒にやらせてもらった落合さんから本当にタイミングよく、そういう声をかけていただいたので、もう「よし！」という気持ちだけでした。

ねじめ　「ゼロに戻す」と僕が書いたのは、スピードの出るスポーツカーで今まで走っていたのを、減速するのではなくて一度車から降りてみるということです。これからは車ではなくて、自転車でもいいじゃないか。歩いたっていいじゃないか。そういう覚悟みたいなものを川相さんから感じ取ったからです。落合中日に行ったら、バントだけでも、守備固めでもいい。落合中日に行くことによって、ゼロになれたのです。川相さんは、必死だったんです。

川相　そうですね。落合さんが監督として、一選手である僕をどう評価して、何を必要としてくれているのかは明確でした。プレーなら、守備固めやバントでチームに貢献できる。あとはプレー以外のところでも、たとえば当時、井端と荒木が二遊間をやっていて、僕も二遊間の経験があったので、僕のプレーや練習を見ることでふたりも学ぶだろう、そういう計算も落合さんにはあったと思います。「うまいやつと一緒にプレーしないと野球はうまくならない。うまいやつのプレーを見て学べ」というようなことは、当時も落合さんがよく仰《おつしや》ってましたから。

ねじめ　「あとはジイに任せる」。これも川相さんを落合さんが信じているからです。落合さんの名言ですよね。

あの「ジイ」って大久保彦左衛門のことですから、実はすごく深い意味があるんじゃないかと思います。「ジイ」って言われると選手は「あぁ、そうだ。川相さんは彦左衛門のような存在なんだ」と、そういうふうに思える。言葉の選び方がうまいですよね。さりげなく、簡単に言うんですけれど、落合さんはその場その場で最もふさわしい言葉を見つけている。

川相　落合さんとは現役で巨人時代に三年間一緒にやっていましたから、落合さんから見た川相昌弘像、というのもどこかに当然あったんだと思います。それがあったからこそ、三九歳の僕にはフル出場が無理だったとしても、困ったときの守備やバント、あるいはベンチにいるだけでもよい、そんな感じで評価してくれていて、なおかつ、ほかの選手たちにとっても何か役立つだろうなと、そんなふうに考えてくれたんじゃないでしょうか。

落合野球の反復練習

ねじめ　それで、今度は川相さんが実際に中日に入団されてからの話ですが、落合中日はとにかく練習時間が長いと言われてましたよね。ほかのチームとはそんなに違うんですか？

川相　そうでしたね。でもまあ、練習時間が長いというのは野球の原点だと思うんです。落合さんがよく仰ってたのは、たとえばウエートトレーニングでパワーをつけたり、体をつくったりすることももちろん大事なんだけど、やっぱり野球選手にとって一番大事なのは、野球の道具を操ることだと。バット、グローブ、ボール。これを操ることができて初めて野球ができるので、野球選手はとにかく野球の動きのなかで鍛えないといけない。バッティングなら、バットを振るしかないだろうと。内野手だったら、とにかくゴロを追っかけて、足を運んでボールを捕る。ピッチャーだったら、ボールを投げる。何でも野球の動きで鍛えなければいけないということは、口をすっぱくして言われました。

ねじめ　なるほど。やっぱり落合さんは、根っからの野球人なんだ（笑）。

川相　だから練習を見ていると、ずーっと打ったり、ずーっと守ったり、とにかく同じ動作、反復練習をして体に覚えさせるんです。それがやっぱり、野球の原点なんですね。

ねじめ　原点なんだから、きっと他球団でもやってるんですよね。でも、何が違うんだろう。

川相　その時間が、ちょっと半端じゃない。

ねじめ　あ、やっぱりそうですか。

川相　はい。たとえば守備なら午前中ずっと守備、バッティングならずっとバッティング。午後は、また別なことをずっと繰り返す。とにかくひとつのことに費やす時間が長かった、そういう印象がありますね。

ねじめ　川相さんは中日時代の後半、今度は指導する側だったわけですが、コーチとしても、ただいたずらに長い練習というわけではなくて、その理由がわかっているから、選手に練習させやすいですよね。

川相　そうですね。そのなかで、選手を飽きさせないためにはどうするか。練習のやり方を少し変えて工夫するのが、コーチの仕事だったと思います。

落合野球の選手起用

ねじめ　試合中は、どうでしたか？　僕ね、今でも覚えてるんですけど、横浜戦での新井良太選手。新井貴浩《たかひろ》選手の弟さんです。その中日時代の新井良太選手が、二〇〇九年の夏場の試合で九回の守備固めで出てきた。それなのに落合さん、その新井をすぐに代えたんですよ。守備固めなのに（笑）。これは一体、どういうことなんでしょう？　やっぱり、ちょっと心配になったのか。新井良太の怯《おび》えとか萎縮まで見えていたんですかね。

川相　まあ、若干心配な選手ではありましたね（笑）。使ったのはよかったけど、動きを見ていて、あ、これはちょっと危ないなと思ったんじゃないですか？

ねじめ　ですよね（笑）。でも、普通はとりあえず出しちゃったら、ちょっとは我慢して使うじゃないですか。でも、それをパッと代えるって、あれはいまだにすごいと思う。

　そうか、きっと落合さんにしか見えないものを見てて代えたんだな、と思ってたんですけど、川相さんから見ても、ちょっと危なかったんですね。

川相　もちろん、めちゃくちゃ下手ではないですけど、若干ちょっと荒っぽいところはありました。

ねじめ　だから、ちょっと心配になったんだね。でも落合さんにはそういう、人が見ていないところを見ているように感じられる瞬間がありませんか？

川相　ありますね。よく見てるなあって思います。普通、ベンチから見ているときって選手でも、監督やコーチでも、スタンドのお客さんももちろんそうだと思うんですけど、ピッチャーがボールを持っているところから、投げたボールをずっと追っかけるじゃないですか。でも、それだけ追っかけてると、ほかの野手がどんな動きをしているかとか、ポジショニングなんかはほとんど見えないんです。たとえばファウルや内野ゴロのとき、外野がどんな動きをしているかはほとんどわからない。けれども、落合さんは外野手の動きにもきちんと注目して見てるし、僕もコーチや監督のときは、なるべく全体を見るようにしてました。だから内野ゴロが飛んだら、送球のほかにも、たとえばセカンドがカバーに行っているかとか、キャッチャーがちゃんと仕事をしているかどうかも視界のなかに入れながら……。

ねじめ　下手すりゃライトまで見ている。

川相昌弘氏（右）

川相　見てます、見てます。だから解説者になると「すごくいいところで見られるな」って思います。全体がよく見えるので。

ねじめ　試合展開よりも、そっちが気になっちゃう（笑）。

川相　そっちがすごい気になるんで、たとえばポロッとエラーが起きたときに、「ああ、キャッチャーがカバーに行ってなかったな」とか、そんな話を解説でするんです（笑）。普通ではしないような話をけっこうする解説者だと思います。

ねじめ　ラジオでは「もう一度見てください」って言えませんからね。

川相　はい。でも、やっぱりそこを、あのランナーはなぜ次の塁へ行ってしまったのか。ちゃんとカバーに行ってたらそうはならなかった……そう伝えたいと思ってます。

ねじめ　確かに、川相さんの解説にはそういう面白さがありますよね。

川相　僕は、二遊間をやっていたから守備のときには他の選手に指示も出さなきゃいけなかったですし、ベンチからゲームを見る機会も多かった。監督の立場からも、プレーヤーの立場からも発言できますし、そういう意味では解説者として野球好きのファンに野球の奥深さを説明できるという意味で恵まれているかもしれません。

ねじめ　でもサッカーブームにラグビーブーム、観客動員数は増えてるのかもしれないけど、やっぱり野球ファンとしては中継が少なくなったのは寂しいです。野球解説者って、そういう意味でもけっこう大事ですよね。

ショートというポジション

ねじめ　二遊間というポジションからはいろいろなことが見えているんですね。中日へ移籍されて、荒木・井端の二遊間はどうでしたか？　これは素人の印象ですが、荒木さんってちょっと底知れない、計算できないようなところがあるように感じました。その点、井端さんはわりとしっかりしている感じがして。僕らファンから見ていると、荒木さんの方が不気味な感じがしたんです。

川相　何となくわかるような気がします。確かに、井端の守備は堅実。一方で、荒木は身体能力が高くて、とんでもないボールを捕ってアウトにできたりするけど、たとえばダブルプレーとか、そういう細かいところではちょっと荒っぽい、そういう印象でした。

ねじめ　荒木さんと井端さん、守備が入れ替わったのは川相さんがコーチのときですか？

川相　はい、僕がちょうど守備コーチになった二〇〇八年からチャレンジしはじめたと思います。

ねじめ　あの入れ替えに関しては、落合さんの判断をどう思いましたか？

川相　落合さんとしては、とにかく刺激を与えたかったんでしょう。ふたりがもうひと踏ん張りもふた踏ん張りも、選手として成長するために刺激を与えた。お互いの大変さとか難しさをわからせるため、というのもあったと思います。そこそこできる自信があったとしても、新しいポジションでチャレンジするには、また一から勉強して、練習していかなければいけない。長い選手生活を引き締める、みたいな意味合いが強かったんじゃないでしょうか。

ねじめ　先ほどの話をふまえれば、特に荒木選手の方は、より気を引き締める必要があった。

川相　そうですね。でも、あのときにセカンドを経験したことは、井端の選手寿命を延ばしたと僕は思います。やっぱり、ずっとショートのレギュラーでい続けるというのは難しい。結果的に巨人に来たあとも、セカンドやファーストもやっていましたから、その経験が生きたのだと思います。

ねじめ　荒木さんは、緊張すると手がうまく動かなくなると聞いたこともあります。

川相　確かに、最初に中日に行った頃はちょっとイップス（投球などの反復動作が突然、できなくなる症状）気味だったんですが、だんだんそこも解消されました。僕が巨人にいた頃、荒木がまだセカンドで出始めたくらいのときは、けっこうよく暴投しているイメージがあったので。でも、そのあと落合さんが行ってから、とにかくよくノックで足を動かしてボールを捕って投げることを繰り返したので、それでだんだん送球の精度は上がっていったと思います。ダブルプレーでのベースの使い方とか、その辺りも非常によくなったので、とんでもない暴投というのは減りました。

ねじめ　僕、二遊間でも特にショートは、内野で一番大変なポジションだと思うんです。たったひとつのファンブルやミスで、すべてがセーフになっちゃうわけですから。

ショートというポジションには、常に「抑圧」がかかっている。

川相　ちょっとでも気を緩めるとミスしたり、セーフになったりしやすいので、常に緊張感はありましたね。

ねじめ　僕が見て思っていたのは、「抑圧」に負けないためにはリズムが大事なのかなということです。川相さんの守備を見ていても、やっぱりリズムがいい。川相さんの守備って、球に合わせるのではなく、球よりも先に行って待っているんです。川相さんは高校までピッチャーでしたが、送球時の投げ方はやっぱり、相当意識されていたんですか？

川相　それは、しましたね。やっぱり、ピッチャーの感覚で投げると、どうしてもモーションが大きくなります。それに、どんなフォームであっても一回手が下へおりる。でも、内野手の場合はよほどのケースでなければ、ボールを捕った手を一度下におろしてから上げて投げることはしない。足とセットで、一連の動きのなかでボールを放さなきゃいけない分、野手の方が間がちょっと短くなるわけです。その分、フットワークの練習も大事ですし、捕ってからスムーズに持ち替えて、そのまま投げられるようにということも、常に意識してました。

ねじめ　ショートを守っている川相さんからは、「抑圧」を感じなかったんです。不安なく、安心して見ていられる。

川相　僕もファームの監督をやっていたときは、守備に関して不安な選手はやっぱり守らせたくなかったです。ボールを捕りさえしたら「ああ、大丈夫」と思える選手が、安心感のある選手なんです。ボールを捕っても、そのあとに投げる不安がある選手というのは、やっぱり非常に使いづらいですね。

ねじめ　捕るのはうまいけど投げるのはダメって人もいるわけですよね。下手したら「投げない方がよかった」なんてことも……。

川相　そういうことです（笑）。

現役時代の落合さん

ねじめ　落合さんに話を戻します。監督の落合さんはそういう、選手に刺激を与えるような工夫をされていて、コーチ陣や選手本人にもそれが共有されていたのだと思うのですが、反対に現役時代の落合さんは、あんまり話もしないし、何を考えているのかわからない方だったみたいですね。

川相　そうですね。やっぱり選手のときは落合さんも、自分が結果を出さなければいけませんから、あんまり周囲に気を遣ったり、何かをしてあげる余裕はなかったんだと思います。とにかくマイペースで、自分のやるべきことをされていました。ただ、やっぱり監督になると全体を見ないといけませんよね。でも、落合さんは、ああいうふうにやれ、こういうふうにやれと、あまり細かく指示を出す方ではなかったです。キャンプも、初日に大体のことをミーティングで話すと、あとはほとんどミーティングをやりませんでした。落合さんが選手の前で話すこと自体、本当に少なかったと思います。だから、どちらかといえば選手やコーチが、落合さんの考えを察して動く。

ねじめ　それって野球そのものですね。ボールの転がりを考えるようなものですね。

川相　ただ、たまに遠征先のホテルで部屋に呼ばれることもあって、マネージャーから電話がかかってきて「もしよかったら部屋で飲みますか」と。大きな部屋に選手やコーチが集まって、朝方三時くらいまで野球の話をしてましたね。

ねじめ　やっぱり野球が好きなんですね。野球選手でも、必ずしもグラウンドの外で野球の話をするのが好きではない人もいるわけですよね。

でも、そういうのは例外で、基本的には落合さんって何を考えているのかわからない。ファンにとってはサービス精神のないのがサービス精神だと思っているんじゃないですか？　だから、誤解される人なんだと思います。そうすると、すぐにみんなが理解してくれるわけじゃないから、ポツンと孤立してしまう。

川相　そういう感じはありましたね。キャンプでも、一緒にアップもやらなかったですし、宮崎ではひとりで松林を散歩したり、ストレッチもノックもずっとひとりで、バッティングはほとんどやらない。下半身ができるまではやらない、ということみたいです。できるようになったら、今度はエアテントのなかに入って、ほとんど公開せずにひとりで練習する。キャンプのほとんどは別行動でした。夜の食事も、食事会場にはほとんど降りてこない。毎日、仲居さんが部屋に落合さんが頼んだメニューを持っていって、ほとんどひとりで食べてたんだと思います。もしかしたら球団職員の誰かが付き合ってたのかもしれないですが、生活のほとんどがベールに包まれていましたね。

ねじめ　三年間、ずっとそうでしたか？　あの10・8があっても？

川相　はい、ほとんど変わりませんでした。

ただ、当時はオフにオーバーホールというのがあって、一一月になると巨人の主力選手は中伊豆の温泉旅館で体を回復させていたんです。好きな人は昼間、ゴルフに行ったり、トレーナーにマッサージをしてもらったりする。夜は囲炉裏を囲んでご飯を食べるんですが、そのときは落合さんと同じ席に座ることがけっこう多かったんです。落合さんは飲みながら食べるのが大好きで、落合さんのいる席だけずっと営業している（笑）。ちょっと飲みながら食べて、ゆっくり野球の話をするのがとにかく好きな印象が、現役の頃はありました。

ねじめ　野球の話というのは過去の試合のこと、あるいは、野球の雑談ですか？

川相　野球選手同士で一杯飲んでいると、昔のエピソードとかけっこう出てくるものなんですが、そういう話はそんなに多くなかったですね。ひとつのプレーについて何か討論するとか、技術論であったり、考え方であったりの話をされることの方が多かったかなという気はします。

ねじめ　落合さんは野球への言葉の表現力が豊かなんですよ。

川相　そうですね。日頃あんまりしゃべらない分、たまにアドバイスしてくれると突き刺さるイメージです。

ねじめ　突き刺さったなかで、何か印象に残っている言葉ってありますか？

川相　落合さんがロッテから中日に移籍された頃のことです。僕が巨人にいて、まだレギュラーになる前だったんですが、ヒットで一塁に出ると、たまにおしゃべりをすることがありました。というのも、意外な共通点がありまして、高畠康真《たかばたけやすまさ》さんという……。

ねじめ　ロッテの打撃コーチだった高畠さんですね。ロッテを含めた六球団で打撃コーチをやったりして、教えることに関しては並外れたものを持っていました。引退してから教員免許を取得して、高校で野球部の指導もしていて異色な人生を送りました。たしか高畠さんの人生がＮＨＫでドラマ化されました。

川相　はい。高校の先輩なんです。それで、落合さんもロッテのときに高畠さんと一緒で、僕がプロ入りしたときに「巨人に高校の後輩で川相というヤツが入った」という話をされたそうなんです。それで、落合さんが中日に来てから、僕が塁に出たときに、「おお、おまえか。タカさんの言ってた、高校の後輩というのは」と。それから、僕が塁に出ると、ときどきバッティングのことを教えてくれました。「おい、おまえ。あの打ち方じゃ全部ファウルになるぞ」とか。「バットのヘッドが負けてるから、一塁側はファウルしか行かんぞ」と。

ねじめ　わりとあっけらかんと、遠慮なく言うんですね。

川相　はい、「あれは狙いすぎだよ」って。「でも、落合さんだって反対方向打つのうまいじゃないですか。狙ってないんですか」って質問したら「狙ってねえよ」。「え、じゃあどこ狙ってるんですか」「俺、流そうなんて思ったことねえもん」と。あ、そういう感覚なんだなと思いました。

それに、僕は落合さんの本もよく読んでるんです。すると確かに、落合さんは常にセンター返し。引っ張ろうとか流そうと思ったことはなくて、とにかくピッチャーが投げる、前から来るボールをピッチャーの方に打ち返すのが野球の基本だと書いてありました。ピッチャー返しということはセンター返し。それがバッティングの基本だと、謎が解けるわけです。そのうえで、ヘッドが遅れたらライト、ちょっと先にヘッドが返ればレフトへ行く。

ねじめ　落合さんの本というのは、川相さんが読んでも非常に勉強になるわけですね。

川相　参考になることがけっこうあります。食べ物のことや、体づくりのこともそうです。先ほどの話にも出てきた「体を鍛えるなら野球の動きで鍛えなさい」ということは、子ども向けの言葉でも書かれています。連続写真も出ている。僕が二軍監督をやっているとき、若い選手に落合さんの連続写真と解説を見せたりしていました。どの程度参考にしたかはわかりませんが、その選手はイースタン・リーグでホームラン王と打点王を獲ったんです。

ねじめ　落合さんの本というのは、われわれ素人が読んでも面白いですが、プロの人にとっても、ちゃんと参考になるんですね。

川相　なりますね。アマチュアの選手を教えたりするときにも、すごく参考になると思います。指導者にとっても役立つ本だなと。

グラウンド上のおしゃべり

ねじめ　そもそも選手同士って、グラウンド上でそんなに話すものなんですか？

川相　塁へ出て先輩がいると、まず後輩から挨拶しますね。

ねじめ　けっこう、余裕があるものなんですね。

川相　そうですね。出塁して、たとえば手袋をポケットにしまったり、ランナーコーチと話したりする間に「こんにちは」って。そこから、サインを確認したりする時間があると、何だかんだ話が続いて、リードを取って一球ごと帰塁するたびに会話が続いていくんですよ。だから、アドバイスを求めるというよりは世間話みたいな感じですね。向こうも、何となく気になったことを話してる感じです。

ねじめ　世間話でそんな話をするくらいですから、落合さんはそれだけ、ほかの選手のことをよく見てたんですね。

川相　そう、「よく見てるなあ」と思いました。ファーストに行くとよくしゃべる選手って大体決まってるんですけど、みんなもっと雑談に近かった。

あとは打席でも、キャッチャーとはよくしゃべりましたね。僕らの時代は、審判に挨拶するというよりは、先輩のキャッチャーに「こんにちは」とか「お願いします」って挨拶することが多かったんです。そうすると、たとえば達川光男さんとかが話しかけてくる（笑）。

ねじめ　野村克也さんがやってたと言われるボヤキっていうのも……。

川相　本当です。ああでもない、こうでもないと言って、それで打者の様子を窺《うかが》うという。でも、やっぱり一番しゃべってたのは達川さんですね。「ああ、岡山にこんなええ選手おったんかー」「広島一番近いのに、これは見落としとったなあ」って（笑）。お盆の時期に広島市民球場へ行くと、「おい、墓参り行ったか」とも言われました。

落合さんのスイング

ねじめ　技術論に話を戻します。落合さん自身のスイングは、どうだったんですか？　先ほど、連続写真がとても参考になる、というお話もありましたが……。

筆者（左）と川相氏

川相　僕らがずっと見ていた落合さんのバッティングって、トップが深くて、そこからポーンとしゃくり上げてホームランを打つ、みたいなイメージですよね。でも、ネクストバッターズサークルとか日頃のティーバッティングを見ていると、まったく違うスイングをしているんです。完全なレベルスイング。ちょっと衝撃的でした。日頃、試合で見ている、落合さんが右中間にカーンと打つときの打ち方からはとても想像できないです。

ねじめ　そのスイングからあの当たりになるって、プロの選手にとっても不思議じゃないですか？

川相　落合さんが実際にボールを打つ打ち方

というのは真似《まね》できないですが、日頃の練習でのスイングとかティーバッティングは、めちゃくちゃ参考になりました。水平に膝、腰、肩を回して、自分の目で見えるところにバットの軌道をしっかり通してスイングするんだなって。

ねじめ　先日、NHKの番組で西武ライオンズの山川穂高選手が落合さんと対談しているのを観たのですが、「僕が真似したら、もう明日からまったくボールが打てなくなる」と言ってました（笑）。

川相　そうですね、山川のスイングから考えると、落合さんのレベルスイングとは間の取り方なんかがまったく変わってくると思うので、感覚的にはたぶん、彼のなかにそのイメージって湧かないと思います。

でも、アマチュアで野球をやってる子たちにはもう、むちゃくちゃ参考になる。今って、どちらかというとフライボール革命とか、比較的下からバットを出すのがトレンドになっているんですけど、アマチュアの選手にとっては両刃《もろは》の剣で、あまり勘違いして欲しくないんです。たとえば、ソフトバンクの柳田悠岐《やなぎたゆうき》選手のスイング。ボールが当たってから、バットを上に持ち上げてフォロースルーしているように見えます。そういうのを見た子どもたちって、フライボール革命だ、柳田のフルスイングだ、エンゼルスの大谷翔平のフルスイングだって、とにかくそこばっかり真似するんです。だけど実際、柳田選手に訊くと、彼はV字スイングだと言っている。つまり、トップからボールに当たるまでは、ほとんどダウンスイングなんです。当たってから、バットを上げている。でも、それを真似したアマチュアの子たちは、とにかくすくい上げようとして円を描いてしまう。そうすると、先にバットがほどけてしまいます。

ねじめ　巨人にいたデーブ大久保はどうですか？

川相　デーブもトップの位置からボールを捉えるまでは、すごいコンパクトなんです。いいバッターってみんな、バットがトップの位置から最短距離、体に近いところを通ってボールまで行っている。

　ただ、当たったあとのフォローに関しては、落合さんはすごく短かった。当たって、コンとやったらあとはフォローなんか取らない。

ねじめ　僕には、楊枝でピンッとはじくように打っているふうにしか見えませんでした。

川相　いや、本当に。落合さんって、トップは深いんですが、当たったらほとんど終わりなんです。柳田みたいにボーンと上へ上げることをしない。
　ただ、トップの位置から最短距離、ヘッドが遅れてきて、グリップエンドから出ていってボールに当たるというのはよい選手に共通しているんです。
ねじめ　目の位置も？
川相　はい、自分の目で見えるところへバットを出してくる。そこらへんは、今、野球をやってるアマチュアの子たちにも真似して欲しいです。
ねじめ　落合さんは感覚と理屈がちゃんとくっついているんですよ。
川相　落合さんは「スイングするときは真っ暗な部屋で素振りしなさい」って言いますよね。真っ暗なところで、自分が見るべき方向、ピッチャーの方向を向いて、ボールが来ているものだと思いながらバランスを取って振りなさい。そういうことです。
ねじめ　先入観をなくすってことなんですかね。
川相　よくあるのは、夜、外が暗いと窓ガラスに自分の姿が映るんです。すると、ついつい自分の姿を見ながら振ってしまう。でもそうすると、形ばっかり気にするわけです。それが、真っ暗になると無の状態になって、とにかく静かななかでスイングして、音も確認する。そういうことだと思います。

落合×山川対談

ねじめ　そこで、山川穂高さんと落合さんの対談についてです。あれを観ていたときに、僕はもう一回、新しい落合さんがそこに見えた感じがして。実際のところはわかりませんが、少なくとも映像からは山川選手がものすごく大らかで無邪気で、メモ帳を片手にひとつひとつ訊きたいことを質問しているわけですよね。自分だってプロ野球選手なのに、子どものように一生懸命。で、落合さんもそれに一生懸命、ひとつひとつに答えている。

そのなかで印象的だったのが、「おまえ、ホームラン王も獲ったし実力は認めるけど、一番いいと思うのは、西武球場の近くに家を買ったってことだよ。それで、これから伸びるな、大丈夫と思った」みたいなことを言ってたんですね。ようするに、野球のことを第一に考えているなら、おまえは大丈夫だと。落合さんって、今どきの若い選手にもきちっと伝える言葉を持ってるんです。そして、先ほどの「暗闇」の話が出てきた。

川相　素振りですか。

ねじめ　山川は初め「暗闇の場所、あるかな」と戸惑っていたんですが、「家でやるんだよ」と言われて「あっ」という、ものすごく新鮮な表情をしていた。僕はそこに、新しい落合を見たんです。

川相さんからご覧になっても、若い選手を指導するとき、昔とは変わってきているなと感じることはありますか？

川相　昔に較べると、指導者と選手は比較的距離が近くなったかな、という感じはします。僕が入団した当時は、指導者の人が言うことはすべて正しい、ぐらいの気持ちで接していましたから。先輩との関係でも、たとえば高校でもふたつ上の先輩はもう大先輩でした。だから、僕らは今でも巨人の先輩に会うと緊張する部分があります。でも今は、全体的に指導者と選手、先輩と後輩の距離は近くなったんじゃないでしょうか。若干フレンドリーすぎるくらいです。

ねじめ　でも山川選手の場合、相手は落合さんですよね。それでも、本当に会いたかったという感情がものすごく伝わってきて、今日会えなかったら二度と会えないんじゃないか、というくらいでした。

川相　実際、今の落合さんの立場ですとグラウンドにもしょっちゅう顔を出されるわけではないですからね。会える機会というのは、非常に少ないと思いますよ。

ねじめ　今の若い選手って、コーチの言うことを聞く前にけっこう自分で悩んでたりするんですか？

川相　僕らの頃から較べて圧倒的に違うのは、情報量だと思うんです。今はスマホでもユーチューブでも、いろんな考え方が調べたらすぐに出てくる。僕らの頃はそれもなかったんで、とりあえず監督の言っていることが、たとえ理不尽でもすべてだと思ってました。プロに入っても、それは一緒でしたね。

　でも、それでよかったこともあるわけです。プロに入って投手から野手に転向したとき、当時の守備コーチだった須藤豊さんの言うことをとにかく全部吸収しようとした。それが僕にとっては、すごくよかったと思うんですよね。僕はどっちかというと、人に訊くのが苦手なタイプだったんです。自分から訊きに行くことはほとんどなくて、その代わりに、コーチが違う選手を指導しているのをよく盗み聞きしてました。今の若い選手はそういうこと、してるんですかね。

ねじめ　情報量が多いと、なかなか方針を定めにくいですよね。

川相　僕たちの頃はやっぱり情報量が少なかったから、コーチに指導されたことをとりあえず試してみる。「ああ、これちょっと俺の感覚とは違うんだけどな」と思っても、ひとまずやってみる。で、「ああ、やっぱりちょっとおかしいなあ」と思ったら練習のなかで考えて、それを繰り返して、最後は自分のものを見つけだすという作業を一生懸命やっていました。

ねじめ　プロの選手に対してもコーチは、その選手のスタイルとはガラッと変わるようなことを言うんですか？

川相　言うときもあります。今よりは昔のコーチの方が、自分の思うことをズバズバ言ってたと思います。今のコーチはどっちかというと、選手を迷わすのが一番よくないという考え方。昔は、みんな違うことを言ってた（笑）。僕、若いときに、青田昇《のぼる》さんがキャンプとかのときにティーを上げてくれたり、アドバイスしてくれてたんですね。でも、青田さんが言っていることと、グアム・キャンプで川上哲治《てつはる》さんがティーバッティングを見てくれたときに言ってたこととと、まったく正反対で。川上さんには「もっと上から叩け」って言われたんです。僕自身は大根切りみたいにして叩いているつもりだったんですが、もっと叩けと。でも、青田さんには「叩くな。前の肘を上げろ」って言われた。「おまえはあまり力がないんだから、硬めの重いバットで、テニスのラケットみたいにセンターへバットの面を向けて、広角に打ち返せ。レベルスイングだ」って言われたんです。

ねじめ　ふたりとも正しいんだろうけど、川相さんとしてはやっぱり大変だよね。

川相　そうですね。でも、そうやって言われたことというのは、あとで何かしら生きるんですよ。

ねじめ　でも、川上さんのときはもう、みんなダウンスイングでしたよね（笑）。

野球選手と家族

ねじめ　山川が「西武球場の近くに家を買った」という話は、どうですか？　落合さんって、野球と家族との関係も独特な方だったと思うんです。

川相　そうですね、僕も家に帰っても嫁に野球の話をよくしました。やっぱり家に帰って食事していても、日頃から野球の話にはなりましたね。試合の中継を家で録画してもらったりもしていましたから。当時はそういうのも、スコアラーに全部お願いしてという感じではなくて、家で録《と》った中継を観ながら自分で研究してたんです。

ねじめ　奥さんも、それに対していろいろ意見を言ってくださる方なんですか？

川相　そうでしたね。一緒に調子がいいときと悪いときのビデオを見較べて、何がどうだと意見を出し合ってました。

ねじめ　そうすると、技術的なこともけっこう話されてたんですか？

川相　はい。そういう話にはよく付き合ってくれたと思います。

ねじめ　それはすごい。落合さんの奥さんも、有名な方ですもんね（笑）。落合さんの奥さん、ある友人に「うちの主人は教えるのがうまいのよ」「教えさせたらナンバーワンなんだから」ってよく仰ってたそうです。落合さんって、やっぱり家族が一番なんですよね。川相さんも、家族と一緒に戦っているみたいな感覚がありませんでしたか？

川相　僕も長いことプロ野球の世界で生活してきて、なかなか言葉には表せないですけど、やっぱりこの家族がいたから長く現役生活も送れて、現場でやってこられたんだなと思ってるんです。野球をやっていると、どうしても家庭は僕中心の生活になってしまう。当然、子どもの生活もちゃんとしなければいけないんですが、どうしても嫁さんは子どもと僕の二重生活みたいになってしまう。そうやって協力してもらったから野球で生活できたんで、心の底では感謝してます（笑）。

ねじめ　どんな選手でも、不遇のときも調子の悪いときもありますよね。そういうときにやっぱり、奥さんの言葉とかって……。

川相　けっこう大きいですね。

ねじめ　わりとはっきり言われる方ですか。

川相　僕より強気かもしれないです。

ねじめ　それは、落合夫妻と共通点があるかもしれない（笑）。

川相　そうですね。だから、家族と一緒にこの野球界のなかで戦ってきた、という感覚は、僕のなかにけっこうあります。

落合さんと後輩選手

ねじめ　山川選手よりは大分年上ですが、落合さんは、英智は好きだったんですか。

川相　好きでしたね。
ねじめ　僕も、野球選手なのに変わっていて好きだったんです。変なメガネをかけたり。
川相　やっぱり守備能力が高かったですね。
ねじめ　肩も強かったですよね。
川相　強かったです。コントロールがよかったですよね。
ねじめ　あと、僕のなかでは大事な問題なんですが、別の意味で変わっている選手ということで、松井秀喜《ひでき》はどうだったんでしょう。松井は、落合さんのことをどう感じてたのかな、と。長嶋さんと松井の関係は有名ですが、落合さんを松井はどういうふうに見ていたのか、川相さんはご存知ですか？
川相　そうですねえ。ベンチではずっと、隣に座ってましたね。松井は長嶋さんに一番近いところに座っていて、落合さんもその近辺だったんです。どんな会話をしていたかはわかりませんが、何かしら参考になることはあったんじゃないでしょうか。
ねじめ　松井って、昔からけっこう肝が据わってましたよね。力んだところもないし、新人の頃からチームに馴染んでいるというか、風格さえありました。チャンスのときのバッティングも力みもないし。

川相　はい。これは落合さんとちょっと似た感じのところがあって、自分のペースを崩さないんです。東京ドームで風呂に入るのが一番遅いのは、松井と落合さん。その前ぐらいが僕だったので、よく風呂で三人一緒になりました（笑）。松井はロッカーがずっと隣だったんでよく見ていたんですが、口数は多くないけれど、近くにいる先輩の背中を見ながら育っていくタイプの選手でした。入団して二年目から落合さんと三年間一緒にやったというのは、長嶋さんとの師弟関係とは別に、参考になったんだと思います。

川相さんにとっての巨人、川相さんにとっての落合さん

ねじめ　川相さんにとっての巨人って、どんな存在なんでしょうか。やっぱり、巨人を辞めるのと中日を辞めるのとでは、ご自身のなかで意味合いが相当違いましたよね？

川相　巨人を離れるときは、もう二度と巨人に戻ってくることはないだろうな、という気持ちでした。でも、それがあったから落合さんも採ってくれたんだと思います。僕が中途半端な気持ちで、未練があったら、落合さんはもしかしたら採ってくれなかったかもしれ

ない。戻ってコーチをやるとか、そんなことを期待するのは失礼だと思っていました。
でも、僕と嫁はもう決断して出ていくって決めてたんですけど、僕の親が、それだけはやめてくれと言いました。やっぱり親も、出ていったらもう二度と戻れないだろうと思って心配したんでしょうね。親父《おやじ》は巨人ファンでしたし。
ねじめ やっぱりお父さんは巨人ファンでしたか。
川相 もうV9時代の話とか、めちゃくちゃされました。何でそんなことまで知ってんだ、というぐらい(笑)。
ねじめ もう一度チャンスがあったら、落合さんと組んで何かやってみたいというのはありますか。あるいはもう一度、落合野球を見てみたいという思いはあります?
川相 はい、今の野球界で落合さんがどんな野球をやるんだろうという興味はすごくありますし、ちょっと見てみたいです。ある番組で一緒になったときには、「監督復帰は絶対ないよ」と仰ってましたけど。
ねじめ 落合さんはやっぱり、敵のなかに入って光る人なんだと思うんです。だから、自分は絶対受け入れられていないと、いつも思ってるんじゃないかな。絶対、自分は嫌われてるって思いがあると思うんですよね。そこが、いいと思う。みんなに愛想がいいと、逆に何も言えなくなって世間が狭くなってくるわけですよね。でも、落合さんみたいに言いたいことを言う方が、かえって世間は広くなる。

だから、今でもきっと「嫌われ続けているからもう、俺は監督になれないだろうな」なんて奥さんに愚痴でもこぼしながら、いつも野球のことを考えてるんじゃないですか。それが落合さんの魅力なのかなって。奥さんに愚痴っている間は、監督やる気満々の証拠ですよ。

川相　でもまあ、やっぱり落合さんは分析力、チームを運営していくマネジメント力にはすごく長《た》けてましたし、考え方や、試合やゲームを見る視点も細かくて、ちゃんと見てましたよね。

ねじめ　落合さんの言葉って、「みんな頑張ろうぜ」じゃなくて、瞬間的に相手を摑む力がものすごくある。場合によっては選手が二～三日考え込んじゃうような言葉を発する人じゃないですか？

川相　落合さんが何を考えてるんだろうと想像するのも、意外に楽しかったですね。当時の中日ってすごい秘密主義で、先発ピッチャーを隠したりしていて、まわりから見てもベールに包まれてましたが、中にいてもけっこうベールに包まれてる感じがあって……。だから、一番僕、コーチのときに思ったのは、要は監督がどんな野球をやりたいのかを察して準備しなきゃいけないんだなということです。

ねじめ　今、落合さんが何を考えてるのか想像する。それが楽しいって、川相さんすごいね（笑）。

川相　いやいや、でも、中日でいろいろ見たり聞いたりしたことというのは、そのあと巨人に帰ってきて二軍監督や一軍ヘッドコーチをやったときにも生きています。

ねじめ　巨人に戻った瞬間って、やっぱり違和感がありました？

川相　あのときの巨人は、全体的に少し落ち気味だったので……。落合さんはひとつのプレーをすごく大事にされる方だったので、チームのなかに、ちょっとミスしても「まあまあ、まあまあ」という雰囲気があったのは、違和感がけっこうありました。

川相さんの二軍監督退任

ねじめ　中日の二軍監督を辞めたのは、二〇一〇年でしたよね。その頃に糸井重里《しげさと》さんと対談された記事を読むと、川相さんは「クビになった」と仰ってましたが、当時はどのように感じてらしたんですか？　クビになったというよりも僕は、落合さんが家族を大事にする人だから、むしろ「川相も長く単身赴任で来てるんだから、そろそろ東京に戻った方がいいよ」という思いがあったんじゃないかなんて、勝手に思っていたんですが……。

川相　実はコーチになってから、巨人からも戻ってこないかという話があった年があって、そのことを僕、全部落合さんには相談してたんです。「一応こんな話があったんですけど、断らせてもらいました」みたいな形で。そういうことも含めたなかで落合さんがいろいろバランスを考えて、最後の年は二軍監督に就かせてもらったんですね。ですから、そういう思いやりのような部分もあったのかなとは思います。

ただ、自分の気持ちのなかでは「来年契約しないいんで」って球団から言われたときには、やっぱり悔しかったです。二軍監督としてはまだ一年しかやってなくて、ちょうど宮崎のフェニックスリーグのメンバーも考えている最中でしたから、もうちょっと二軍の選手も指導したかったなと……。

ねじめ　でも、落合さんに対して恨みはないですよね？　基本的に落合さんというのは選手側の人ですよね。

川相　一昨年、テレビ番組で落合さんと一緒になったとき「そろそろ東京に帰そうと思った」みたいなことは言ってました。落合さんなりに考えて、二軍監督も経験させて、まあボチボチ……という感じで計画を立ててくださっていたみたいです。

あと、印象に残っているのは、巨人から中日へ行った年に、年俸が三分の一になったんですね。年俸が三分の一になると、翌年に来る税金は当然、大変なことになる。そこで、そういうことも考えてくれたなかでオプション契約、出来高みたいな形で埋め合わせをしてくれたんです。そこまで考えてくれたのは、落合さんだけでしたね。

ねじめ　落合さんは交渉事もできるんですね。落合さんの監督一年目に川相さんが来てくれて、心強かったと思います。落合さんは自分の感情を他人には見せないけれど、ちゃんと怯えるときは怯えるし、自分の感情を吹っ飛ばさないで、きちんと見つめています。そのときの記憶が感情と共にひっついているから、一試合一試合忘れないのです。忘れないから、同じ失敗を繰り返さないのです。落合さんは稀有な野球人です。

落合さんと川相さんの姿を私はもう一度見たいと思ってるし、川相さんが監督をされている姿も、ぜひ見たいんです。どこか落合さんの匂いを含みながら、先の先まで読んで、細かい野球をやる監督に、ぜひなっていただきたい。落合さんと川相さんには、何か縁みたいなものを感じるんです。落合さんのことを考えるときにはいつも、川相さんのことも一緒に考えていますので。今日は本当にありがとうございました。

第四章　一九七四年の落合博満　東芝府中硬式野球部時代

ショートフライかと思ったらホームラン

生来の性格から落合は、封建的な体育会系の上下関係に馴染めず、秋田工業高校野球部時代は「七回入部八回退部」と、入退部を繰り返している。とはいえ、一度も退部届は書いておらず、常に休部状態のままであった。それが許されたのは、落合の野球能力が、誰もが認めるものだったからだ。

落合は大の映画好きで、映画館に入り浸っていた。試合が近づくたびに部員が映画館まで呼び戻しに来て、その都度、野球部に復帰し、たった一週間の練習で四番を打った。そして、本塁打を量産した。

上京し、セレクションで合格して入った東洋大学の野球部もやっぱり封建的なところだった。ケガも重なって、兄姉たちの後押しでせっかく入学した大学を半年で中退した。だからといって、落合家で彼を責める人は誰もいなかったという。

大学野球で挫折し、東京から秋田に戻った落合は、新たな生きる道を考えなければならなかった。ボウリング場でバイトをしながら、プロボウラーを目指したという。

ところが、それが好運だったのか不運だったのか、交通違反の罰金でプロボウラー試験の受験料を失い、受験できなかった。アベレージスコアは286だったというから、プロボウラーとしても成功していたかもしれない。

故郷でのこの二年ほどの間、落合は若い強靭《きょうじん》な肉体をもて余しながらも、野球への情熱をふつふつとたぎらせていたにちがいない。

兄姉から野球で活躍することを期待されているのは、身に痛いほどよくわかっていた。特に長兄は、落合の野球の才能を見抜いていた。だからこそ、何も言わず見守っていたのだ。

いよいよ野球がやりたくなった二〇歳の落合は、社会人野球部を持つ「東芝府中」を、高校の恩師に紹介してもらう。

東芝府中野球部のセレクションは高校三年生が多かった。歳は二、三歳しか変わらなくても、彼らには落合がふてぶてしく、ずっと年上に見えた。

セレクションが始まり、みんなでキャッチボールを始めたときには、落合はそれほど目立つこともなかった。だが、いざバッティングになったとき、彼らはぶったまげた。ショートフライだと思った打球が、そのままフェンスを越えてホームランになったのだ。

それこそ、セレクションでは桁違いのバッティングであった。

後述するが、この東芝府中のセレクションを落合と一緒に受けた、当時高校生だった山形県酒田生まれの私の知人は、セレクションを終えた落合が木陰で煙草《たばこ》を吹かし一服している姿に、近寄りがたい風格を感じた、と言っていた。

落合は東芝府中に入社するが、臨時工であった。でも野球ができて、そのうえ給料が入ってくるのだから、臨時工であろうが正社員であろうが、落合には関係ない。

落合は、会社の寮から野球練習場までボロ自転車で通っていた。東芝府中野球部には封建的な感じがなかったので、自分から率先して野球に励むことができた。東芝府中の広いグラウンドで、落合は生まれて初めて、無我夢中になって野球に集中できた。勤めをきちっと終えてから野球をする臨時工だからこそ、思う存分野球ができたのかもしれない。

野球部とは関係なく東芝府中には「ペイペイ会」という名の集まりもあった。

ペイペイ＝下っ端の集まりだ。四〇、五〇代の人たちが多くて、出世なんかどうでもよく、でも自虐的にはならずペイペイを楽しむ人たちであった。

お金を集めて年に四、五回、どこかへみんなで遊びに行ったり、新年会や忘年会をやったりしていたらしい。若い落合もペイペイを楽しんでいた。落合の人間味が知れる話である。

落合が羽ばたいた年

一九七四年一〇月一四日、長嶋茂雄の引退試合があった。

「長嶋茂雄さんに憧れて野球を始めた私は、1974年10月14日に後楽園球場に足を運び、長嶋さんの引退試合を観戦した。その時、長嶋さんとともに日本のプロ野球も終わってしまうのではないかと、本気で思っていた」（『野球人』ベースボールマガジン社、一九九八年）

と、落合は書いている。

落合の生まれた若美町《わかみまち》（現・男鹿市《おじかし》）は、秋田でも野球の盛んなところだ。落合は小さな頃から野球がうまくて、ふてぶてしさ、愛想のなさもその頃からすでに発揮されていた。試合の始まる寸前にすたすた現れて、試合が終わると、後片付けをするわけでもなくすたすた帰っていったという。それでも、小学校でも中学でも、お愛想なしのピッチャーで四番であった。

そんな落合の小さな頃からの憧れが、長嶋茂雄だったのだ。モノマネも上手だったらしい。

長嶋がいなくなったら日本のプロ野球は終わりだ、そう思ったのは当時、落合だけではなく、日本の多くの人がそうだった。

詩人の寺山修司は長嶋の引退試合で「僕の青春が終わった」と言った。

でも、落合は長嶋茂雄に間に合った。

東芝府中で野球をやっと手に入れた。ギリギリのギリギリのところで、野球を引き寄せた。野球をやっとこさ摑まえた落合は、長嶋の引退試合に足を運んだ。日本プロ野球の行く末を憂いながら、落合自身も野球のとば口に立つことができたのだ。

「アクがないというか、人を引きつける一種独特の魅力があるんだね。なんなのだろう？人間性かな？　いや、やっぱりあの人の野球だと思う」（『なんと言われようとオレ流さ』講談社、一九八六年）

落合の長嶋についての言葉だ。

長嶋の魅力は野球に尽きる。長嶋の人間性ではなく、長嶋の野球をする姿、ひとつひとつの動きが、落合にとっての長嶋なのである。長嶋＝野球。転がる球を追い求めるように長嶋を追い求めてきたのだ。

それにしても「アクがない」という言葉は長嶋を深く考察している。アクがないというのは、野球そのものなのだ。長嶋には日常がない。野球しかない。長嶋の個人が見えない。透明感があるのだ。へんな人間的な突っぱりがなく、すうっとカッコよく立っている。

長嶋がゴロを捕るのは、よちよち歩きの赤ん坊を抱きとめるのと同じことなのである。ゴロが転がってきても、よちよち歩きの赤ん坊を胸に抱き込むように捕って、一塁に優しく送り届ける。

長嶋のバッティングでは、体が開いてヘンな格好になっていても、ボールの方から長嶋の振るバットに寄ってくるのだ。

長嶋のスイングでは、ボールとバットが喧嘩《けんか》しないで戯れている。

長嶋そのものが野球なのだ。

そして、落合が目指したのも戯れる野球、遊びの野球だった。ボールとバットが正面衝突するのではなく、楽しく戯れていた。

両翼一〇〇メートル近いグラウンドの全部を使って、落合はボールで遊んだ。東芝府中の広いグラウンドが、落合の野球の器をつくった。

長嶋引退の翌年、一九七五年から落合は東芝府中の四番打者を任される。

東芝府中は一九七六年、南関東大会で優勝して、初めて都市対抗野球本大会に出場した。以降、落合は他チームの補強を含めて三度、都市対抗野球本大会に出場（都市対抗野球には本戦に出場する際、敗れたチームから補強選手を招集できるルールがある）。

東芝府中最後の年には、全日本にも選ばれた。

東芝府中には五年在籍して、ホームラン七〇本を打った。そして、ドラフト三位でロッテに指名された。

「臨時工」「ペイペイ会」「長嶋茂雄引退試合」。一九七四年は、この三つが体に染みつくことで、落合が大きく羽ばたいた年であった。

東芝府中硬式野球部

落合博満の原点は「東芝府中」での社会人野球時代である。

高校三年間と東洋大での野球は、落合にとって中途半端な野球生活であった。だからこそ、東芝府中での野球は自らを見直し、人生を見定める場所であった。

落合は東洋大を中退して故郷でぶらぶらしながら、漫然とプロボウラーを目指そうなどと思っていたが、野球以上の魅力にはならなかった。そんなとき、母校秋田工業高校の野球部長の紹介で東芝府中の野球のセレクションを受けた。

このセレクションに賭けた思いは、想像以上に強かったにちがいない。

社会人野球で野球を精一杯やって、それでもダメだったら納得して野球を諦め、次の道に進めると、きっと思ったのだ。

東芝府中での一日一日は、落合を野球の体にしていった時間であり、本当に野球が好きなのかどうか、問われ続けた日々でもあった。初めて、野球に真正面から取り組んだ場所であったと言っても過言ではない。

山形県に、かつて北前船で栄えた、酒田という商人の町がある。江戸時代の豪商・本間家、一九七六（昭和五一）年の酒田大火でも有名な町だ。私は、三〇年ほど前に詩の朗読会に招かれて以来、今も酒田の人たちとの縁が続いていて、酒田を舞台にした『青春ぐんぐん書店』（新潮文庫、二〇〇一年）という小説も書いた。

その酒田に「すし丸」という美味い寿司屋《すしや》がある。酒田に初めて行ったときに現地の友人が連れていってくれた寿司屋で、「すし丸」の大将は「東芝本社」の野球部に在籍した人だった。野球好きの私はそれだけでも「すごい！」と思ったのに、何と、落合と一緒に東芝本社と東芝府中の合同野球セレクションを受けたというのだ。

すでに触れたが、落合は、二歳年上だったせいもあって、丸坊主の高校生の多いなかで、ひとり、おじさんっぽい雰囲気で、ひときわ目立っていたという。

セレクションが始まると、落合は、最初のキャッチボールのときはそれほどでもなかった。だが打撃になると、ショートフライだと思った打球がそのままレフトフェンスを越えていってぶったまげたらしい。

「すし丸」の大将が、そんな落合の話をしてくれたことを思いだし、私は改めて、社会人野球時代の落合のことをもっと知りたくて、大将に思い切って電話をした。

そうしたら、

「落合と一緒に東芝府中で野球をやっていた高橋千秋という男が酒田にいるんですよ。私と酒田商業で三番四番を打っていたんです。いいやつなんです。紹介しますよ」

と、言ってくれた。有り難いと思った。

縁のある町、酒田に落合と東芝府中で一緒に野球をやっていた人がいるとは思わなかった。


一ヶ月ほどして「すし丸」で高橋千秋さんと会うことができた。

高橋さんは野球人らしく体軀《たいく》がしっかりして、精悍《せいかん》な顔つきをしていた。今でもやっぱり、還暦を過ぎた人たちと一緒に野球をやっているそうだ。

高橋さんは寡黙な人で、言葉をひとつひとつ選び話してくれた。「すし丸」の大将とは違ってセレクションのことをあまり覚えていなかったが、落合が背広を着てきたことを覚えていた。落合に背広とはぴんと来ないが、背広を着ていくほどであるから、そのセレクションに賭ける思いがあったのだ。

私はまず、

「落合は高橋さんの目に最初、どのように見えましたか。すごい選手だと思いましたか」

と質問したら、高橋さんは、

「打撃はすごいと思ったけど、足と守備は、たいしたことはなかったですね」

あまりにもあっさり言われたので、面喰《めんく》らった。

私の面喰らった顔つきに気づくと高橋さんは笑顔になって、

「今日、落合さんの写真を持ってきたんです」と、紙袋のなかから東芝府中都市対抗野球南関東大会優勝記念のリーフレットを取りだした。

「この写真のなかで、落合さんがわかりますか」と訊いてくる。

優勝杯を前に、チーム全員の記念写真だ。私はひとりひとり指さしながら追って見るが落合がわからない。

「ど真ん中にいますよ」

ええ！　ど真ん中、ど真ん中と言いながら写真をじっと見ていたら、太った丸顔があるではないか。

「あれ、この人が落合？　この太った人？」

「そうです。太っているでしょ？　ねじめさんにはたぶんわからないと思ってましたよ。この人が落合さんです」

クイズ問題に答えられなかった私を面白がっている様子でもあった。落合は東芝府中の頃はこんなに太っていたのだ。八五キロぐらいはありそうだ。さっき高橋さんが「打撃はすごいと思ったけど、足と守備は、たいしたことはなかったですね」と言ったセリフに合点がいった。

高橋さんは、足と守備で東芝府中に引っ張られた。だから、自分よりも足と守備がよいかどうかが、一番気になったのだ。

落合は、高橋さんよりも動きが鈍かったが、基礎体力は一年目の選手のなかではダントツだったという。打撃も、当初は当時の四番打者の方がすごかったそうだ。だが、落合の野球センスはすぐに花開き、一年目の夏には四番を打った。守備は一塁手であった。

「高橋さん、落合は教えるのがうまかったですか。社会人野球の頃から野球を教えたりしていましたか。ほかの選手のバッティングを注意したりしていたんですか」

「そういうことは覚えていないんです。落合さんが何か教えていたか、ということはまったく覚えていません。それは私だけでなく、ほかの選手も覚えていないと思います。私自身が親との約束で、東芝府中で四年間野球をやってダメだったら酒田に帰る約束でしたから、自分のことで精一杯で。落合さんが何を言っていたか、何をしていたか、まったく覚えていません。余裕がないというか、自分が生き残ることで精一杯でした。(都市対抗野球の本戦で)熊谷組《くまがいぐみ》の補強選手に選ばれたときは、これであと二年は野球がやれる、とほっとしたくらいです。社会人野球はトーナメントですから、負けたら終わり。野球ができないということは、職をも失うことですから、自分のことしか考えられませんでした。あと何年野球ができるか、そればかり考えて野球をやっていました」

高橋さんは、社会人野球の厳しさを熱く語ったあとにぽつりと、

「落合さんは東芝府中の武田泰紀監督と相性がよかったんだと思います。武田監督は選手たちに伸び伸びやらせてくれました。落合さんにはそれがよかったのだと思います。それと、東芝本社に東芝府中を強くしようとする意欲があったのも落合さんにはぴったりだったんです。監督は、落合さんは得意な打撃を伸ばせばいい、と思っていたのだと思います。

私も武田監督には感謝しています」

そのとき、私は落合が秋田工業高校の野球部を退部しなくてよかったと思った。部活動を休んで映画館に入り浸っていたりもしたけれど、試合が近づくと、映画館から連れだしにくる球友たちがいたのだ。しかも、高校を卒業しても落合は野球部の手伝いをしていた。だから、当時の部長は東芝府中への道筋をつけてくれたのだ。高校で野球を手放さなくて本当によかった。

「武田監督が辞められるときに、送別会をやったのですが、その会に落合さんが来たんです。落合さんは武田監督に向かって話し始めたんですが、途中で感極まって号泣したんですよ。都市対抗で東芝府中が初めて東京代表になったときでも号泣しなかった男が、武田さんへの感謝で号泣したんです。あの落合さんの姿は一生忘れません」

高橋さんに語ってもらった、落合との五年間の東芝府中時代のなかで、高橋さんにとっても私にとっても、落合の人間性が最も垣間見《かいまみ》えたエピソードだった。

三時間にもわたる話のなかで、高橋さんからは終始、社会人野球・東芝府中で落合と一緒にチームメイトとして闘ったという自負を感じた。その証拠に、高橋さんの持ってきてくれた二冊のスクラップブックに収められたスポーツ新聞の切り抜きを見せてもらうと、落合が四番、高橋さんは五番を打っているではないか。

別れ際に、高橋さんが、私に訊いてきた。

「落合さんはまだ現役でやれるでしょうか」

「現役というのは監督のことですか」

「そうです」

私は、東芝府中のチームメイトとして高橋さんが、落合監督復帰を強く願っているのだと感じた。

武田元監督への手紙

酒田に住む、元東芝府中野球部の高橋さんに、武田元監督の送別会で落合が号泣した話を聞いてから、私は武田さんにどうしてもお会いしたくなった。ご高齢でもあるし、このコロナ禍でお会いするのは難しいとはわかっていたが、百分の一の可能性に期待して、担当編集者から武田さんに電話をしてもらった。

やはり、体調がよくないことと、新型コロナ禍ということで断られた。

それでも、武田元監督から落合のことを訊きたいという思いが私の頭から離れず、無理を承知で武田さんにお願いの手紙を書いた。

初めまして。ねじめ正一と申します。

この度はコロナ禍なのに無理な取材をお願いして申し訳ありません。

私は野球ファンで、特に長嶋茂雄さんのファンです。落合さんのファンになったのも、長嶋茂雄さんが巨人の第二期監督時代、落合さんが中日からFAで巨人に入ったときの「長嶋監督を胴上げするために…」あの一言で落合さんの大ファンになりました。落合さんが引退して解説者になっても、中日ドラゴンズの監督になっても、ずうっと応援して参りました。今も贅沢《ぜいたく》は言いません。もう一度どこかの球団の監督になることを祈っております。

落合さんの魅力は、嫌われるのを恐れず、自分の野球観を貫いているところです。孤絶の勢いと言ってもいい。孤絶の風が吹いております。

落合さんのこの孤絶感は、プロ野球に入ってから目覚めたのではないような気がしております。もう既に社会人野球の頃から芽生えていたのだと思っています。

東芝府中で武田さんに出会ったことが、落合さんの野球観を大きく左右したと信じています。東芝府中に入る前、落合さんはちゃんと野球をやってきていなかったので、野球の体ができていなかった。でも、二年、三年と重ねる間に、野球の体と同時に、あの孤絶感を手に入れたのだと思っています。

武田さんには、落合さんに初めて出会った時のこと、落合さんが野球で輝き始めた時のこと、落合さんが野球で生きていけると武田さんが確信した時のこと、そして、今、武田さんが落合さんに対してどのような思いを持っているのかを聞かせていただければ幸いです。よろしくお願いします。

手紙を送ってから四日ほど経《た》って、私の家に電話があった。

「武田と申します」と言った。

武田さんご自身からの電話であった。

「ねじめです。わざわざお電話ありがとうございます」

「取材については、お断りしたはずです」

「はい、承知しておりますが、万全のコロナ感染対策をしますので、取材を受けていただけないかと、再度のお願いなのです」

「そうですか。ともかく私は手術をしたばかりです。ギリギリの命なもんで。コロナのなかでは無理です」

物言いに曖昧なところがない。

これ以上、深追いをしてはいけない。

「そうですか。ご無理を言って申し訳ありませんでした。コロナが落ち着きましたら、どうか、よろしくお願いします」

「わかりました」

「ありがとうございます」

「では」

余計な口を一切きかない実直な武田元監督の姿が、声から伝わってきた。落合が、武田元監督の退任送別会で号泣したことが、少しわかるような気がした。

　この本の取材に関係なく、武田さんに落合の話を伺いたい気持ちが、ますます募ってきた。新型コロナが収まり、武田さんがそのチャンスを私にくださる日を心待ちにしている。

第五章　山川ウオッチャー、落合記念館を訪ねる

――ねじめ正一、太地町《たいじちょう》へ

落合博満×山川穂高未公開シーン

二〇二〇年四月二六日放送のＮＨＫ「サンデースポーツ」で、前年放送された対談「落合博満×山川穂高」の未公開シーンが流れた。

未公開シーンは思った以上に緊張感があり、落合の生真面目さと責任感の強さを改めて知ることができた。また、落合の野球の話を聞くときの山川の真剣な表情と、裏腹に、ときには臆せず物を言う今どきの若者らしい無邪気な顔も見えて楽しかった。

落合は現役の頃も今も、一時間半じっくり時間をかけて食事をするという。山川は、奥さんがつくった料理を熱いうちに早く食べたいから、一五分ほどで食べ終えて、あとは子どもが可愛いから抱っこしているそうだ。

落合はこの、一五分の食事と子守りに驚いて、「オレは子どもの世話、一回もしたことないよ」「（抱っこも）ない」「（奥さんに）体のバランス崩れるから絶対ダメって言われて」と、苦笑していた。

プロ野球選手にとって食事がいかに大事か、食事でいかに体力を養っていくかということを、落合はもっと言いたかったのではないか。落合はきっと、食事でつくられる肉体のうち一滴の血も一片の肉も、野球から離れてはいけないと思っている。だが山川とは、野球という共通項があっても、ジェネレーション・ギャップには抗《あらが》えないと思ったのか。山川の無邪気さに抗えなかったのかもしれない。

未公開シーンでは、落合の高級なバッティング理論も展開されていた。

落合は打席に入ったとき、目の前にピッチャーからオレの打席までの筒がある。その箱のどの位置にボールが来たら確率の高いバッティングができるかわかるというのだ。だから、確率の低い位置のボールには手を出さない。

落合が、その見極めがしっかりしているのが山川と同じチームの中村剛也《たけや》だと言ったら、「中村さんがこれを観て、それやり始めると、ちょっと……」と言う山川の子どもっぽさが私にも可愛く思えた。

山川とのジェネレーション・ギャップ、そしてプロ野球選手・山川と家庭人・山川のギャップを落合がどのように感じたか、私には知る由もない。だが、必死に野球に喰らいつこうとしている山川の情熱に応えようとする落合の使命感を、私は感じた。

未公開シーンの最後は、落合との対談を終えた後日、山川の単独取材シーンになっていた。

「あの対談をする前から、かなりのひどい状態で」「お願いしましたよね？　落合さんとの対談を、とにかく早くしたいと」「これから先も落合さんとはいっぱい話をしたいな、と思います」

と、振り返っていた。

落合に言われた真っ暗な部屋での素振りも、実際に撮影していた。真っ暗闇の素振りの効果はまだ出ていなかったようだが、落合に言われたことはちゃんとやっていた。

しかし、「（真っ暗闇の素振りは）孤独というか」「ちょっとよくわからなかった、これは」と、素直に言っていたのが印象的だった。

落合が言っていた「野球は所詮球遊び」という意味は理解できたという。

打席のなかで虚心にボールと向き合うときの心構えこそ、「所詮球遊び」。だから、野球と一心不乱に向き合うのが当たり前なんだ、というふうに理解したようだ。打席に迷いを持ち込むことが一番悪いことなのだと、山川は言った。

ＮＨＫの落合×山川対談は、収録に三時間半も要したという。だが私は、たった三時間半という短い時間で、山川に野球の技術論だけでなく、哲学的真髄まで理解させた落合のすごさを再認識した。

コロナ禍のプロ野球開幕

二〇二〇年六月一九日、新型コロナ禍で大幅に遅れたプロ野球が、無観客という形で開幕することになった。無観客ならいっそのこと、今シーズンは中止にしてもよいと思うのだが、選手のモチベーション、日本プロ野球界全体のことなどを考えると、そうもいかなかったのだろう。

何はともあれ六月一九日、プロ野球史上初めての不安だらけのなかで、ペナントレースが開幕した。

でも私には、楽しみがひとつあった。

すでに何度も言及したが、前年の夏、ＮＨＫ「サンデースポーツ」で、この本のきっかけにもなった落合博満と山川穂高の対談があった。その対談は、山川が三冠王を獲るため、落合に意見を求め、指導してもらうというものだったから、アドバイスを実戦で生かし、どれだけ応えられているか、観るのを楽しみにしていたのである。

山川も開幕前のインタビューで、

「プロ野球の行き先がまったく見えないこのコロナ禍のなかで、落合さんだったらどんなふうに野球に向かい合うかを考えながら野球をやっていきたい」と述べていた。

今までの実績は放りだしてもいいから、新しい自分にチャレンジしたいという山川の熱い決意を私は感じた。今シーズンの山川にとって、落合がますます大きな存在になるのは間違いないと思った。

NHKの対談で落合は山川に、「バッティングのときに頭が突っ込むな」と言っていた。頭が突っ込むと、三振が多くなりみっともないスイングになる。それを防ぐには、タイミングを外されても、前のめりにならないための体のバランスが大事になる。

落合が、頭が突っ込む癖のある山川に、暗闇での素振りをやらせたのも、このことを含んでいたのだろう。

まずは、山川の打撃時、頭の突っ込みに注目である。

だが、落合のアドバイスによって山川がまったく打てなくなる可能性だってある。一歩間違えれば大変なことにもなりかねない。バッティングは繊細である。

果たして、山川に落合効果はあるのだろうか。

私にとっても、緊張感を孕《はら》んだシーズンになりそうだ。

山川メモ

さあ、いよいよ無観客ながらも、

●六月一九日、西武と日本ハムの開幕戦を迎えた。今シーズンの山川に期待が膨らむ。

一打席目は日ハムエース有原航平から三振。

二打席目はノーアウト満塁で三塁ボテボテの内野安打。三塁ランナーが生還して今シーズン初打点初ヒットである。

三打席、四打席目は凡退したが、頭が突っ込む打席はなかったのでほっとした。

●六月二〇日、日ハム二戦目。山川の一打席目は大きなライトフライ。今シーズンはセンター中心に打つことを心掛けているのだろう。

二打席目は強烈なセンター前ヒット。

三打席、四打席目はインコースのボール球を強引に引っ張って凡打。

だが、この試合でも山川の頭が前に突っ込む打席はなかった。
●六月二一日、日ハム三戦目
一打席目、空振り三振。

二打席目、四球。

三打席目、インコースを強引に引っ張ってサードゴロアウト。

四打席目は詰まったセンターフライ。

五打席目、ライト前ヒット。

この、山川の五打席目の打球が速かった。頭が突っ込む打席もなかったので、これから徐々に調子が上がっていくだろうと予感した。
●六月二三日、ソフトバンク一戦目
一打席目、ショートゴロ。

二打席目、四球。インコースに球が来ても平気で見送る。

三打席目、サードファウルフライ。

四打席目、五打席目は四球。

きちっと球を見切っている。四球を増やしたい思いが伝わってくる。この日も山川の頭の突っ込んだ打席はない。
●六月二四日、ソフトバンク二戦目
一打席目、センターオーバー、スリーランホームラン。軽く振った感じだ。センターを守る柳田もちょっと追いかけたが、すぐに諦めた。初ホームランである。

二打席目、センター犠牲フライ。

三打席目、死球。

四打席目、ショートゴロ。

この試合は山川が初ホームランを打ったが、試合には負けた。四打席目、山川の集中力はすさまじかった。この試合も頭の突っ込んだ打席は見られなかった。
●六月二五日、ソフトバンク三戦目

一打席目、セカンドフライ。

二打席目、サードゴロアウト。

三打席目、セカンド内野安打。

西武は八回裏に二点返すが、試合は四対二で西武の負け。だが、山川の頭が前に突っ込むことはなかった。

●六月二六日、ソフトバンク四戦目
一打席目、レフトオーバーのツーランホームラン。

二打席目、センターオーバーホームラン。

三打席目、三振。

四打席目、四球。

山川はこの試合で二本ホームランを打ったが、併殺を焦ってエラーした。プロ野球ニュースを観ていたら、解説者・谷沢《やざわ》健一氏の、山川のエラーに対するコメントが厳しかった。

●六月二七日、ソフトバンク五戦目
一打席目、四球。

二打席目、四球。

三打席目、レフトフライアウト。

四打席目、ランナー一、三塁で四号逆転スリーランホームラン。

四打席目のホームランは、一球で仕留めるためにかなり集中していた。文句なしの、センター越えのホームランである。ましてや、ライバルの柳田の頭を越えるセンターオーバーのホームランだ。

これだけ頭上を越えるホームランを見せられた柳田はたまらないだろうし、柳田自身も今年の山川をライバルとして大きくマークしたはずだ。

●六月二八日、ソフトバンク六戦目
一打席目、セカンドフライ。

二打席目、四球。

三打席目、レフトスタンドに同点ホームラン。

山川らしく、右腕の強さで押し込んだホームランであるが、私はセンターを中心に打ち返す山川のホームランが好きである。バットとボールがガツンと喧嘩するのではなく、バットにボールをふわっと乗せて打つようなホームランをたくさん見たい。
●六月三〇日、オリックス一戦目
一打席目、ショートゴロ。

二打席目、四球。

三打席目、敵失で出塁。

四打席目、空振り三振。

試合は三対二で西武が勝ったものの、ここにきて山川のスイングが差し込まれている。打つ瞬間に体が反り返っている。バッティングの初動が遅れ、慌ててバットを振っている。
●七月一日、オリックス二戦目
一打席目、スライダーに三振。

二打席目も三振。

三打席目も三振。

四打席目、セカンドフライ。

ボールの威力に負け、打席に入っても落ち着きがない。この一球を仕留めようとする気迫がない。球を見ている時間が短い。すべてセンターに打ち返せ！　球を見る時間を長くしろ！　センター返しを心掛けろ！

と、素人の私が、テレビ画面の山川に檄《げき》を送る。
●七月二日、オリックス三戦目
一打席目、セカンドフライアウト。

体がレフトの方に向いている。アンバランスだ。

二打席目、ショートゴロ。

三打席目、ショートゴロ。

四打席目、ライトフライ。

五打席目、空振り三振。

球に差し込まれている。バッテリーの計算通りだ。バットが最短距離で出てこない。スイングが波を打っているように見える。落合には山川のスイングがどのように見えているだろうか。
●七月三日、オリックス四戦目

一打席目、四球。

二打席目、ファーストフライアウト。

三打席目、四球。

四打席目、ショートゴロアウト。

山川はやっぱり差し込まれている。タイミングが合っていない。

五打席目、レフト前ヒット。

四打席目のショートゴロが気になる。オリックスの山川シフトに引っかかっている。敵チームの思う壺《つぼ》である。

●七月四日、オリックス五戦目
一打席目、見逃しの三振。

二打席目、ファウルで粘って四球。

三打席目、差し込まれ気味のセンターフライ。

四打席目、サードゴロアウト。

試合は四対三で西武の負け。オリックスに力負け。投手の投げる球がすごく速いわけでもないのに、山川は差し込まれている。初動が遅いのか。落合が見ていたら泣くぞ。いやいや、呆れ果ててテレビのスイッチを切るかもしれない。

●七月五日、オリックス六戦目

オリックス先発はエース山本由伸《よしのぶ》。

一打席目、ランナー一、三塁でショートゴロ。

二打席目、ランナー二塁でライトフライ。

三打席目、死球。

四打席目、死球。

五打席目、レフト前ヒットで一打点。

山川に踏み込ませないようにインコースを投げ込んでくる。試合は八対五でオリックスの勝ち。死球を二回も受けたことが心配だ。できれば、死球は避けた方がよい。

落合打法の基本は左足を開くようにして、強く踏み込み、逃げながら打つことである。死球を受けにくい。

ひとつの死球でシーズンを棒に振ることだってあるのだ。

●七月七日、ロッテ一戦目
一打席目、空振り三振。
二打席目、空振り三振。
三打席目、センターフライ。
四打席目、レフト前ヒット。
試合の方は八対六で西武の負け。
そろそろ山川の打撃が上向いてきてくれるといいのだが。
●七月八日、ロッテ二戦目
残念ながら試合を見損なった。三対〇で西武の勝ち。
●七月九日、ロッテ戦。雨天ノーゲーム
●七月一〇日、ロッテ三戦目
ロッテ先発はエース石川歩《あゆむ》。
一打席目、九試合ぶりに山川六号。ライトスタンドにスリーランホームラン。
二打席目、死球。

三打席目、死球。

四打席目、ショートゴロ。

五打席目、死球。

試合は七対六で西武の勝ち。山川の力まず打ったホームランがよかった。

この試合で、また左腕と右太腿に死球を喰らっていたが、山川は痛い顔ひとつしなかった。

それにしても、死球が多い。

体に球が当たっても、山川はどこ吹く風みたいな顔して一塁に向かっていくが、たまにはわざと痛い顔をして、投手を威嚇した方がいい。落合もそう思っているにちがいない。

開幕してまだ一ヶ月足らずであるが、山川の調子は上がってこない。ともかく打率が上がってこない。

三冠王を目指して、落合にアドバイスを乞うたのだから、何とか打率を上げて欲しい。

娘婿の住職と話す

開幕戦から二ヶ月。ほとんど毎日、テレビで西武ライオンズの野球中継を観ているが、山川の調子が上がってくる気配が薄い。

テレビの前で「山川！　何やってんだよ！　いい加減にしろよ！」と、怒鳴ることもしばしばだ。

八月の暑さ厳しいある日、娘が嫁いでいる寺の近くで仕事があったので、帰りに立ち寄ってみた。

娘と娘婿（寺の住職）は歳の差婚で、娘婿は、娘との年の差より私との年の差の方が小さい。結婚して六年経つが、私は娘婿を住職と呼び、住職は私を正一さんと呼んでいて、今までまともに話をしたことがない。

しばらく会っていない一歳の孫娘にも会いたいし、住職が西武ファンだと、以前、娘から聞いたことを思いだし、彼と話がしてみたくもなったのだ。

「お父さん、いきなり来ないで電話ぐらいしてよ。あたしだって忙しいんだから。本当にいつも自分中心に動くんだから」

と、娘に叱られる。

そんな私を見て、住職が、

「お父さんにそんな言い方するもんじゃないよ」

と、娘をたしなめてくれる。

「なかなかいいやつだ」と思いながら、部屋に通され（妻は何度も来ているが、私は六年間で娘夫婦の住まいに入ったのはこの日が二回目）、ベビーサークルのなかの孫娘を一通りあやしてソファに座ると、棚の上に、ヘルメットを被《かぶ》ってバットを振っている若き日の住職の写真が目に入った。私は思わず、

「住職、このバットを振っている写真は草野球チームか何かの……？」

「いえ、正一さん、これは大学時代、野球部に入っていたときの写真です」

えー！　娘からも住職が大学時代に野球をやっていたなんて、一度も聞いたことがないぞ！　大学の野球部といっても、本格的な野球部ではなく、野球同好会なのだろうと高を括《くく》ったら、本格的な大学野球部なのだ。

「この写真、目線がちゃんとしているね」

「友人が撮ってくれたんです」

「大学で野球を四年間やったの？」

「やってました。レギュラーにはなれなかったけど」

「ほかのことはどうでもいいけど、住職が野球やっていたことをもっと早く言えよ」

と娘を責める。私にはそれくらい驚きだった。

「あら、そんなに大変なこと？」

高校野球ではなく、大学野球である。

「そうだよ、大変なことだよ」

「お父さん、何でかはよくわからないけど、この人、西武ライオンズファンなの。それも広岡達朗監督の時代からだから」

「けっこう古いな」

「そうなんですよ。田淵《たぶち》幸一の時代だから。根本陸夫監督時代の土井正博も見たような気がするんですよ」

「それに、ライオンズ友の会にも入っているのよ。一緒に旅行に行ってもスマホは離さないし、西武の結果が気になって仕方がないの。面倒くさいったらありゃしない」

娘は西武ファンの住職を嫌がっているが、私にとって、なかなかいい具合の話の成り行きになってきた。

「あのさ、去年なんだけど、ＮＨＫの落合博満と山川穂高の対談観た？」

「観ましたよ」

「そう！　どうだった」

「あれは辻監督が偉いですね。山川のことを思って、辻監督も落合にお願いしてくれたのだと思います」

「やっぱり、そう思う？」

「森祇晶《まさあき》監督の時代だったらあり得ないです。森監督のプライドを傷つけることになりますからね」

落合の中日監督時代、辻監督は一軍のコーチを務めていたから、その信頼関係が今もあるのだ。

「住職、ところで今季、山川穂高のバッティング変わった？」

「ええ、六月の開幕のときは変わった感じがしました。選球眼もよくなったし、センター越えのホームランもあったし……でも、三冠王はまだまだ無理ですよ。あのバッティングを見たら、昨シーズンもそうだったんだけど、球に押し込まれています。一球でなかなか仕留めることができない。センター中心に打つバッティングの方が球をじっくり見ることができると思うんだけどなあ……。でも、一発で仕留める力量はないけど、可能性は感じますよ」

寺の住職という先入観と、寡黙と思っていた娘婿が野球をこんなに語れるとは！

娘が、そろそろ帰って欲しそうなサインを出してくるが、私は嬉しくなって、いろいろと山川のことを聞きだす。

「これから後半戦、山川はいけるかね？」

「正一さん、山川はレギュラーになってそんなに月日が経っているわけじゃないんです。田辺徳雄監督のとき、いいところで使ってもらっても、もうひとつ活躍できなくて、一軍と二軍を行ったり来たりしてたんです。僕に言わせれば、山川はまだ始まったばかりですよ。もっとじっくり見てあげないと」

　住職は本当の西武ファンだ。

「それと、僕は、落合のことが好きなのは、山川よりも辻監督の方だと思います。西武というチームは松坂大輔以来、いい選手がいなくなるんですよ。楽天に行った浅村栄斗《ひでと》もそうだし、大リーグに行った秋山翔吾もそうだし、菊池雄星もそうです。辻監督は一年目から穴埋めをしてるんです。落合だと、現有戦力の底上げと言うかもしれませんが、辻監督は穴埋めですよ。穴埋めし続けることが監督の仕事だと思っているんですよ。そのことを辻監督は落合から学んだんです」

　私は、こんなに近くに落合理解者がいるとは思っていなかった。住職の話から辻監督と落合の深い絆《きずな》も同時に感じた。

「いやぁー、住職ありがとう。いい話聞かせてもらったよ。また、話聞かせてよ」

　私は立ち上がった。

「孫は五分も見てないのに、野球の話には熱が入るのね」

　娘が皮肉を言う。

「落合を理解できるいい人と一緒になったなあ。落合が理解できるというのはすごいことなんだぞ」

「どうしてここで落合が出てくるのよ」

と、またまた娘の顰蹙《ひんしゆく》を買う。

「ところで、正一さんは太地の落合博満野球記念館に行かれたことありますか」

「いや、それが行ったことがないんだ」

「え！　落合ファンなのに、記念館に行ったことがないんですか」

住職に驚かれた。そして、心にぐさっときた。それはその通りだ。落合ファンだったら、落合記念館に行っているのが当たり前のことである。

私は、またソファに座り直した。

「東京からけっこう遠いからね。住職はあるの？」

「ええ、あります。落合記念館を目的に行ったわけではないのですが、偶然、その近くまで行ったことがあって、知り合いに、せっかくここまで来たんだから落合記念館を観ていったらって言われて、寄ったことがあるんです」

「住職は落合記念館に行ってるんだ」

「行ったというよりは寄ったんですけど」

私に気を遣っている。〝行った〟と〝寄った〟と、ちゃんと言葉を選んでいる。

「有名な落合のブリーフ姿観た？」

「観ましたよ。落合のブリーフ姿の銅像にはちょっと驚きましたけど、きっと、三冠王を三度も獲った野球選手の素の肉体がこれだ！　とみんなに観てもらうためなんでしょうね」

ブリーフ姿の銅像の真意は、住職の感想通りだと思った。

「でも、落合ファンの正一さんが落合記念館に行っていないのはまずいですよ」

住職の、なかなかきつい返しだ。

私は、落合ファンとして、肝心なものが抜け落ちているのかと思えるほどの沈んだ気分になって、帰りの電車に乗った。

悪化する山川

住職にあんなに言われたが、落合博満野球記念館に行ってみたい気持ちは何年も前からずーっとあって、交通の便や宿泊施設を調べたこともあった。何しろ、和歌山の太地までは遠くて、行くだけで一日が潰れてしまう。二泊三日は必要だ。ああ、どうしようと、あれこれ考えているうちにどんどん時間が経って、日本中移動が憚《はばか》られる新型コロナ禍に陥ってしまったのだ。

落合博満記念館は火曜日が休館日だが、このコロナ禍でどうなっているかわからない。電話を掛けて確かめようと呼びだすが、誰も出ない。時間をおいて何度も掛け直すが、やはり誰も出ない。

頭を巡らせて、太地の町役場の観光課なら何か情報があるだろうと思い、電話してみた。落ち着いた声の中年男性らしき人が電話に出た。

「落合博満記念館に行きたいのですが、電話してもどなたも出られなくて、開館しているかどうか、そちらでわかりますか？」

「基本的に火曜日が休館日なんですが、六月末から改修工事をしてまして、まだ、休館中です」

「六月からだと、もう改修工事が終わる頃でしょうか?」

「いや、こちらではわかりません」

「一〇月頃だったら終わっていますかね?」

「いや、こちらではわかりません」

私はがっくりきた。

どのくらい待てばいいのだろうか。

コロナもあるし、年内は休館なのだろうか。

でも、落合一家は、年末年始は太地で過ごすらしいから、それまでに改修工事を終えるかもしれない。落合在館のときは、入り口に「滞在中」の看板が掛けられ、落合自らお茶を淹《い》れてくれたり、野球の話をしたりして、写真撮影にも気軽に応じてくれるそうだ。二〇二〇年初めの「中日スポーツ」にそんな記事が載っていた。

これは、ちょこちょこ電話するしかない。

私は、落合記念館のことをしばし忘れて、西武・山川穂高を毎日応援する。ＮＨＫの落合対山川対談以来、私はすっかり山川ファンである。落合のアドバイスを山川がどれだけ生かして三冠王に近づくかの軌跡を、この目で確かめたくて見ているうちに、山川のファンになったのだ。いやいや、西武ファンにもなっていた。

ところが、七月の山川は、ホームランは出ているが、打率が上がってこない。

ちなみに、七月三〇日のソフトバンク戦は、

一打席目、レフト線ヒット一打点。

二打席目、四球。

三打席目、四球。

四打席目、四球。

五打席目、三振。

七月三一日、ソフトバンク戦。

一打席目、四球。

二打席目、一二号ホームラン。

三打席目、ライトフライ。

四打席目、三振。

四球をこれだけ選んでいるのに、打率がなかなか上がってこない。見れば、打席の構えが昨シーズンよりも高くなっている。この高くなった構えの影響なのか、投手の投げるストレートに差し込まれる。バットが遅れて出てくる。それほど速くもない球に詰まって、凡フライが多い。

安打が増えてくれば打率も一気に上がるのにと、歯ぎしりしながら、山川ってこんなもんじゃない、こんなもんじゃないと思いながら、七月は終わってしまった。私は、山川に性急な落合効果を期待しすぎていたのかもしれない。

住職の「山川はこれからが始まりです」の言葉に励まされるが、落合はここまでの山川のバッティングをどう見ているのか、訊いてみたい。

山川は八月に入っても成績が上がってこなかった。山川の今シーズンは死球が多い。インコースをどんどん攻められている。死球になっても、山川は絶対に痛そうな顔をしない。

だが、八月九日、日ハム戦、死球ではなかったが、初回の打席でスイングした際に体勢を崩して右足首を捻《ひね》り途中交代した。

翌試合、山川が初めて欠場した。

次の日、代打で一打席のみ出場したが、打撃はバラバラだった。低めのボールには手が出ない。打っても三塁ゴロである。

山川のスイングには力みがあって、バットが遠回りして出てくる。何か思い切って変えようとする意欲も見えてこない。このどん底を、落合熱だけで越えようとしているかのようだ。山川の八月は最悪だった。

九月に入っても、山川の打撃は上向いてこない。打席に立っても、テレビで観ている私には打てるような気がしない。

思いっきりスタンスを開いて、体の反動を使って打とうとしている。落合のように、くるっと体を回転させるような打ち方ができないのだ。力が分散している。工夫がない。

右足首の捻挫が本当に治っていないのではと、心配になる。バットの芯に当たっても上に球が上がっていかず、打席のなかでも落ち着きがない。以前は、三振すると悔しい気持ちを丸出しにしながらベンチに帰っていく姿もあったが、今の山川からは悔しさも消え失せている。

ベンチに戻っても、テレビに映らない端っこに座っている。明るい表情が消えている。ベンチでは、マスクをして腕を組んで黙っている。こちらも、山川と同じようにテレビの前でマスクをして腕組みしている。

九月二五日、楽天戦欠場。山川の欠場を、落合はテレビで観ているだろうか。

昨年のNHK対談のときに、落合が「(今、バッティングを変えたら)とんでもないことになるぞ」と言っていたが、まさしく本当のことになってしまった。

一〇月に入ると、山川から笑顔がなくなった。西武を支えているという自負も気迫も消え失せ、テレビに映る姿は虚《うつ》ろである。

自分で自分が何をやっているのかわからない様子に見えるときもある。

私はそれでも、山川が出場する試合の日は、今日こそ打つのではないかと、祈る気持ちでテレビの前に座る。

ところが、チャンスでダブルプレーになり、ランナーとして一塁に残っても代走を送られる始末だ。

これは、辻監督の配慮で、やはり、山川は右足首の捻挫が治っていないのだ。走るのが大変なのだ。

ホームラン性の当たりも、フェンス手前でお辞儀して、フェンスを越えず外野手に捕られてしまう。打球に伸びがないのは、支える足の力が足りないから、右足が踏ん張れないのだ。明らかに右足を故障している。

山川からまったく笑い顔が消えた。

テレビ局も、山川を気遣ってかあまり映さなくなった。ああ、もう最悪の連続である。

私の落合への思い入れ、念が足りないのだろうか。住職が言うように落合博満記念館に行っていないことが影響しているのだろうかと、半ば神頼み・験担ぎの心境になってきた。

ここらで私も気分転換したい。

残る試合も少なくなってきたし、Ｇｏ Ｔｏトラベルキャンペーンも始まったので、記念館も開いているだろうと、電話を掛けてみた。

やっぱり誰も出ない。

次の日も次の日も連絡してみたが、誰も出ない。太地の観光課に再度、電話をする。

今度は若い男性の声だ。

「昨日、落合記念館の前を通ったのですが、休館中の看板が出ていましたので、まだ、休館中ですね」

「いつ頃になればやるんですかね」

「ちょっと私にはわかりません。誰もいないのは確かです。申し訳ありません」

電話の向こうでは本当に申し訳なさそうな声を出している。観光課の人をこれ以上責めても仕方がない。

こうなったら、山川のためにも、落合博満記念館が休館していても、太地に行くのだ。もう私はいても立ってもいられない。

今、私がやれるのは、落合記念館に行って、山川へのイライラを吹っ飛ばすことだ。

正直言って、開幕戦から山川を応援してきたが、気持ちのイライラだけでなく体もヘトヘトになっていた。終盤に向けてこの疲れを、落合記念館のある太地で癒やし、風景を目に焼き付けて、山川を応援し直すのだ。

心が丸くなれる場所

一〇月中旬、新幹線で名古屋まで行き、特急に乗り換えて紀伊勝浦まで行く。特急列車なのに四両編成で、乗客もまばらだ。ひと駅先が太地駅で特急も止まるが、無人駅でタクシーも常駐していないので、ホテルの送迎バスが来る紀伊勝浦で降りる。自宅を出てから七時間の旅であった。

駅前にホテルのマイクロバスが迎えに来ていた。このバスが最終便で、乗客は私ひとり。日が暮れ始めようとしている。

送迎バスの運転手さんに、

「明日、落合博満野球記念館辺りを二時間ほど回りたいんですが、落合に詳しいタクシーの運転手さんを知りませんか」と訊いたら、

「いますよ。駅前で、先頭で待っているあの運転手が詳しいですよ。私の友人なんで。彼だったら間違いないです」と言う。

交渉してくれるというので、私もバスを降りて、タクシーの運転手さんに挨拶した。

年配の誠実そうな人に見えた。

最初は、記念館が休館中なのに、なんで二時間も必要なのか、この人はどういう人なのかと、私を怪訝《けげん》な表情で見ていたが、話しているうちに少しは私の落合愛が通じたのか、翌朝一〇時に、ホテルに迎えに来てもらうことになった。

「お客さん、私は若いときからずっと中日ファンなんですが、和歌山県は西の半分以上の人が大阪に向いていて、圧倒的に阪神ファンが多いんです。県の東側のちょこっとが名古屋に向いていて、中日ファン。だから、運転手仲間でも、大きな声で中日ファンって言えないんですよ」

翌朝、タクシーに乗るや、運転手さんが話し始めた。

「落合監督は中日をいっぱい優勝させてくれたし、私は太地の住人じゃないですが、記念館までつくってくれたし、これでファンじゃなかったら落合さんに失礼ですよ」

和歌山県では、中日ファンが少数派であることに驚いた。

「落合さんは毎年、年末年始は太地で過ごされるんですよね?」

「そうです。記念館にお客さんが来ると、お茶まで出してくれるんですよ。毎年、正月になると、落合さんに会えるのが楽しみで、三、四年連続で来ていた人もいますよ。私、そのお客さんを乗せました」

あの、「中日スポーツ」で読んだ記事を思いだした。全国に落合ファンがいて、落合に会うため、正月に来る人がいるのだ。

途中の道に落合博満野球記念館の案内が出ている。幹線道路からスピードを落として、住宅の並ぶ細い道をくねくねと下る感じで走ると、記念館に到着した。ホテルからは一〇分ほどの距離だった。

車の向いている先が海だ。

緑に囲まれた記念館の横幅五、六メートルはある洋風の鉄門扉には、案の定「六月二〇日から改装の為《ため》、休館致します」の看板が貼られていた。

ところが、何と！　その鉄門扉の片側が、一メートルほど開いていたのだ！

門のなかは緑色のミニグラウンドのようになっていて、遠く先にはネットが張ってある。左手の記念館の入り口に通じるストロークも長い。

人の気配がないので、そっと中に足を踏み入れ、記念館の方に歩いていくと、灯油会社の作業服を着てタンクを持った若い男性が建物の裏からひょいっと現れて、体が固まってしまった。

「冬支度ですか。いつも今頃、冬支度に入るんですか」

なんて、わけのわからないことを口走ったりしたのに、若者は「よくわからないです」と答えて、私の存在をまったく気に留めていないふうだった。そうしてまた、灯油を持って裏に行ってしまった。

ああ、咎《とが》められなくてよかったと胸をなでおろしながら、階段を上がり、厚かましくも記念館の入り口に近づくと、これまたラッキーなことに、ガラスの扉が全開になっていた。人がいる気配がないので、入り口からちょっと入って、写真を撮る。入り口の脇の床に大きな絵皿、その目線の先に落合の胸像が見える。その奥に薄暗く見えるのは、落合の数々の記念品を飾った陳列だろう。あの有名な落合のブリーフ姿の銅像は、見えない。

休館中でなければ、ひとつひとつの説明書きを見られるのに、残念だ。

そうしたら、二階から若い女性がとんとんとんと降りてきた。

不審者に気づいて降りてきたのではなく、降りてきたら私がいた、という感じだった。

「それ以上、入らないでくださいね」と、やんわり注意された。

「改装工事はいつ終わるんですか」

「それが、わからないんですよ」

「東京から来たのですが、もう少し奥を見せてもらうことはできませんか」

私が一、二歩、足を進めようとすると、

「本当にこれ以上、入らないでください」

と真剣な声で注意された。

私の抵抗はここまでだ。

この若い女性はどこの人だろうか。太地の観光課の人かもしれない。よくわからないが、落合博満野球記念館を守っている意識がかなり強い。

これ以上、覗《のぞ》いていると怪しい者だと思われそうなので、記念館を外からじっくり眺め、門の外に出た。

記念館を巡るように小径《こみち》があるので、運転手さんにもう少し待っていてもらい、小径を歩いてみた。落合がここに来たときは、きっとこの径を散歩しただろう。右は木の繁る崖で、下は海だ。上り下りのある舗装されていない径を歩いていると、樹木に遮られて景色が見えなくなった。と思うと、突然視界が開けて、熊野灘《くまのなだ》の美しい海が現れる。変化のある散歩道は刺激的で楽しい。

運転手さんから、小径はだんだんと記念館から離れていくと注意されていたので、見当をつけて引き返した。

記念館の前に戻ると、一台、車がのろのろと駐車場に入ってきた。

「記念館は休館中ですよ。どちらから？」

タクシーの運転手さんが声をかける。

「神戸からです。今日は思い切って来たんですが、休館とは知りませんでした。残念ですけどまた来ます」と明るく帰っていった。

またひとつ、いいエピソードをもらった。運転手さんの話だと、落合博満記念館は吉野熊野国立公園内にあるのだそうだ。目の前が海で、熊野灘を一望できる高台に立っている。

「お客さん、そこの芝生の見晴らし台のベンチに座って海を見てくださいよ。素晴らしいですよ」

私は、薦められるままにベンチに座った。

一〇月も半ばなのに、太地は暖かく、晴れ渡っている。気持ちいい。六月以来のイライラもヘトヘトも心地よい風に流されていく。

この海は、落合が育った秋田の日本海の荒い海ではない。同じ太平洋に向かっているのに、私の知る千葉の海でもないし、高知で見た海とも違う。山川の育った、沖縄の海とも違う。

何も考えずに、いつまでもいられる。

私は太地までの道中、そして太地に着いてからも、落合がどうしてここを選んだのか、ずっと考えていた。そして、この風景を見つけた落合に感動した。

ここは、心が丸くなれる場所なのだ。

どこにも力が入らない。そこに身を置けばいいだけの場所である。

太地は気候がいいから、春のキャンプに入る前の下準備の場所だとか、体を鍛えるための自主トレにいい場所だと言う人もいるが、私はそうは思わない。

私がさっき散歩した小径も、落合はトレーニングのために走ったりはしない。

ただひたすら海を見ているだけでいい。

この海は、落合をゼロに戻す力になっているのだ。それを落合は太地で見つけたのだ。

私は、三〇分ほど海を眺めてから車に戻った。運転手さんが気長に待っていてくれた。

「お客さん、落合さんが太地に来たとき、そこで野球の練習をしたかどうかはわかりませんが、球場があるんですよ。ここから三〇分くらいのところですが、行ってみませんか」

球場があるとは意外であった。

くろしおスタジアム*は、両翼が一〇〇メートル近い球場だ。

太地町ではなく新宮市の球場だが、ひょっとして中日時代、練習試合をしたかもしれない。

「運転手さん、この球場はいつ頃できたんですかね」

「落合さんが現役の頃にあったかどうか、わからないです。この球場で落合さんが野球をした話も聞いたことがありませんが、私は落合博満記念館の近くに野球場があるだけで嬉しくなってくるんですよ」

野球場を眺めていたら、私のなかの素朴な疑問が口をついた。

「運転手さん、何で落合は太地の町を知ったんでしょうか」

「私が聞いたところによれば、オリックスの山田久志《ひさし》さんと一緒にゴルフをやりに来たらしいです」

「あの、落合のライバルだった山田久志さんですか。山田さんは、引退前には落合さんに滅多打ちにされてましたよね。そういえば、山田久志さんって、落合さんと秋田の同郷ですよね。山田さんも太地が気に入ったのですかねぇ」

「それは私にはわかりません。山田久志さんに訊いてみてください」

運転手さんが苦笑いしながら言う。

私はしつこいようだ。

東京に戻り、山川を改めて応援していたら、一〇月三一日、山川登録抹消のニュースが流れた。

辻監督のコメントは、「思うように打撃ができない。打撃の調子を崩して結果が出ない。相当に痛い中、頑張っていた。来年のこともあるから、来年バッチリいけるようにと判断した」。

山川の捻挫は重症だったのだ。

落合効果を見ることはできなかったが、仕方がない。イライラ、ヘトヘトになったが、あれほど一打席一打席に期待を込めて、野球を観たのは初めてのことだ。振り返れば、楽しかった。それに、念願の落合博満野球記念館を訪ねる後押しをしてもらった。

山川のことだから、落合を目指すのを諦めることはないだろう。さらに落合熱を放って、三冠王を目指して欲しい。

それと、山川にはぜひ、落合博満記念館のまわりの小径を散歩して、見晴らし台のベンチに座って海を眺めて欲しい。黙って海を見るだけでいいのだ。

落合野球の真髄がきっとわかるはずだ。

＊くろしおスタジアムは二〇〇三年開場。落合の中日現役時代（一九八七～九三）にはまだない。中日監督時代（二〇〇四～一一）にはある。

第六章　落合を囲む人たち

――女優、大打者を俳句に詠む

冨士眞奈美（ふじ　まなみ）

女優。静岡県生まれ。三島北高等学校卒。俳優座付属養成所を経て、一九五六年、NHKテレビドラマ「この瞳」で主演デビュー。NHK専属第一号となり、同局の「輪唱」で馬渕晴子、小林千登勢とともに清純派三人娘として人気を集めた。ドラマ、映画、舞台で活躍。一九七〇年には「細うで繁盛記」（読売テレビ）で注目を浴びる。結婚を機に芸能界を一時引退するが、離婚後女優を再開。『ろくでなし』（文春文庫）、『恋よ、恋唄』（中央公論社）等小説を刊行。その他に『ここはどこ　時に空飛ぶ三人組』（文春文庫）、『わたしはだれ？　櫻となって踊りけり』（集英社）、句集『瀧の裏』（深夜叢書社）など。

「野球は生活、幸福は別」

旧聞に属するが、落合中日が初めてセ・リーグ覇者になった二〇〇四年シーズンオフ、「今夜は恋人気分」という番組に落合夫婦がゲスト出演していた。

面白かったのは、例によって落合夫婦の関係のありようである。

信子夫人はどうやらこの番組を前から観ていたらしく、番組の趣旨を理解していて、司会者や視聴者にサービスしようとする意欲が伝わってきた。だが、落合の方はまったく力まず、マイペースだ。そして、このバランスがなかなかいいのである。

この夫婦は、とにかく関係が「熱い」のだ。野球人のなかでは日本一熱い夫婦だ。夫婦同士、ぶつかり合うときはぶつかり合う。けっして妥協せず、命懸けで闘う。

ほとんどのプロ野球選手は、仕事は家に持ち込まない。試合が終わって、シャワーを浴びて、帰りの車に乗ったら、今日の試合のことはすべて忘れて、家に戻ってきて、一切野球の話をしない。

だが、落合夫婦は現役の頃から家にどんどん持ち込む。野球についてとことんやり合う。

あのプレーはダメだったとか、嫌というほどやり合っていれば、落合が捕ろうとしたゴロがイレギュラーしてバウンドが変わり、捕れそうになくなっても、瞬間的にグローブが出て、捕れるという信念を持たざるを得ないのだろう。とことんやり合っている。

それは監督になっても同じで、信子夫人はテレビで落合采配をチェックしている。采配まで口出しするから、本物の夫婦なのだ。

落合夫婦は一緒に闘っているのだ。

番組で落合は「野球はアマのときは楽しかったけど、プロになった途端、仕事だから楽しくなくなった。以来、楽しいと思ったことはない」と語った。野球のことを話し始めると、言葉が輝きだすあたり、さすがである。

それにしても番組の最後、スタジオ収録を終えて、並んでスタジオの廊下を歩きながら「この番組、何時にやってるの」と信子夫人に小声で尋ねる落合の姿は、優しい夫のものであった。

日頃は、自分の興味ある野球に付き合わせてばかりいるが、今回は信子夫人の興味ある番組に出て、協力できた喜びのようなものが感じられて微笑《ほほえ》ましかったのだ。

落合は、信子夫人が出演したいと思っていた番組に一緒に出ることによって、夫婦の関係を少しでも深めようとしていた。信子夫人に落合が寄り添う姿は、夫婦の絆というものを考えさせてくれた。監督として勝負の連続のなかにいても、夫婦の老後までひょっとしたら考えているように思えた。

野球はあくまで生活であって、幸福というものはふたりの絆のなかにしかないことを、ふたりともわかっているのだ。

【対談】女優・冨士眞奈美、大打者を俳句に詠む

ねじめ　落合さんがまだ中日の監督だった頃に出した『落合博満　変人の研究』（新潮社、二〇〇八年）でも漫画家の高橋春男さんと一緒に話してもらったけど、やはり落合さんのことを、いわゆる世間一般のイメージとは違った視点から話せるのは、冨士さんしかいないと思います。信子夫人とも、人間関係がある。冨士さんは、今でもメジャーリーグを丁寧にチェックしている際立った野球好きでもあるわけですが、今日は、野球好きとしてと

いうよりはむしろ女優として、落合さんの男としての魅力などを話して欲しいと思ってます。

『変人の研究』でも伺ったエピソードで、とても印象的だったんですが、信子夫人と最初に会ったのは、落合さんがまだロッテの頃だよね。

冨士　そう、まだロッテの選手だった頃ね。

落合さんの家で稲尾さんと鍋をつついた日

冨士　落合さんと知り合うよりも、信子夫人と出会った方が早かったの。昼間のレギュラー番組にゲストで来てくれたのが、信子夫人でした。彼女と仲よくなったら、ある夜、落合さんから「今、遊びにきませんか」と電話があって……。そうしたら、何と当時のロッテの稲尾和久監督もいて、お鍋をご馳走《ちそう》になりました。

ねじめ　信子夫人ではなくて、落合さん本人から誘われたんですね。

冨士　うん。夜の一〇時過ぎに「今、稲尾さんと飲んでるんだけど、来ない？」みたいな感じで電話があったの。それで、あの落合さんと、四二勝あげた鉄腕稲尾に会えるなんて！　でも、明日も娘の小学校があるからな……って思っていたら、落合さんが「学校と僕たちとどっちが大事なの？　学校なんかいつでも行けるけど、僕たちにはもう会えないかもしれないよ」って言うから。稲尾さんと落合さんに会えないのは大変、と思って、小学生の娘とお邪魔しました。稲尾さんはもう、できあがってて。落合さんはショートパンツだったんだけど、すねが赤あざ青あざで、傷だらけだったのが印象に残ってるわ。ケガしてるの？　っていうぐらい。練習なんて全然しないような顔、してるのに。日々、野球を追究してらしたのね。

ねじめ　そうそう。全然、一生懸命な感じじゃないんだよね。

稲尾さんと落合って、もう友達みたいな感じだったんですか？

冨士　本当に、そういう感じ。監督と選手という関係ではなくて、男同士の友情みたいなものを感じました。お互いに遠慮なく話をしていて。落合さんは、日本一の投手と呼ばれた稲尾さんとタメで付き合っていたんです。

ねじめ　落合は、稲尾監督のために絶対優勝するって決意してたんだよね。だから、稲尾さんがロッテの監督をクビになったらロッテを出てしまった。その話を聞くと、そういうふたりの関係もよくわかるな。

冨士　明日試合なのに監督と四番が飲んででていいのかな、と私は思ったんだけど、本人たちはまったくお構いなしだった。信子さんはお酒やお鍋を用意して、忙しくしてたわ。私もお酒を飲んでいたら、稲尾さんは「焼酎ならプレゼントするよ」「犬？　子どもが生まれたらあげるよ」って。水戸の話になったら「納豆？　あげるよ」とも言ってらしたわ（笑）。

ねじめ　「神様、仏様、稲尾様」って言われた人が（笑）。大らかだったんですね。

冨士　うん。稲尾さんはすごかったわ。でも、私はその頃巨人が好きだったから。一九五八（昭和三三）年の日本シリーズで巨人が三連勝したあとに四連敗したときは、悔しかった。鮮やかな西鉄ライオンズ優勝。

それで、ご馳走になって、話に夢中になっていたら、夜が明けてきていて……。帰りは、落合さんが玄関まで見送ってくれたんです。そのとき、お家の庭に百合の花が咲いていて、落合さんはわざわざ部屋まで戻って、鋏《はさみ》を取ってきて、百合の花を切って私にくれたんです。私は百合の花が好きだったので、感動しました。

ねじめ　落合の、男としての魅力を感じさせるエピソードですね。
おふたりとの関係は、その後も続いたんですよね？

信子夫人と冨士さんの関係

冨士　信子夫人とはずっと、仲がよかったわ。落合さんが中日に移籍してから、私は完璧に落合ファンになりました。東京から、中日を応援しに名古屋まで行ったりして……。でも、落合さんの体調が少しでもよくないと、試合前、会いにいっても信子夫人が「東京からせっかく来てもらったのに、今日は疲れているみたいなので、ごめんなさい」と謝っていました。信子夫人は、落合さんを必死に守っていたのね。万全の体調で落合さんに野球をさせるのが、信子夫人の一番の仕事だったんだと思う。

落合さんが解説者時代に体調を崩したことがあって、そのときは信子夫人がずっとテレビに出ていたものね。それで、体調が戻ったら一切出なくなった。ご夫妻の役割がはっきりしていました。

福嗣くんが生まれたときにも、面白いことがあったわ。落合さんって、ヘビが怖いの。

自分のうちのニワトリを、ヘビに呑《の》まれちゃったことがあるらしくて。それなのに信子さんが、福嗣くんのおむつ入れに大きなヘビ革のバッグを買ってしまった（笑）。信子さん、結局私にくださったわ。これは、落合さんを守ったっていうのとは、ちょっと違うかもしれないけど……。

ねじめ　中日でプレーしていた頃の落合さんには、どんな記憶がありますか？

冨士　絶頂期の桑田真澄《ますみ》を打ち崩したのが印象に残ってるかな。そう、そのときもドアラちゃん人形を送ってくださったの。落合さん、桑田はすごいピッチャーだって。褒めてらした。

ねじめ　それで落合は、巨人に行った。長嶋さんを胴上げします、って、巨人に来て落合さんはやっぱりすごく嬉しそうだったよね。

冨士　落合さん、長嶋さんのことはもう大好き。巨人時代は、やっぱり一年目が記憶に残ってるわ。10・8があった、一九九四年ね。

長嶋さんを男にしたかった

ねじめ　忘れもしない10・8。あれほど、落合の哀愁を感じた試合はないと思うな。ケガをして……。

冨士　中畑さんに、おんぶされてね。ああいうのは嫌いな人だと思ってたけど、よっぽど気持ちが昂《たかぶ》ってたのね。でも、ちゃんとホームランとヒットも打ったのよね。長嶋さんを男にする、って本当に言葉通りだった。有言実行の人。

ねじめ　でも、とにかく長嶋さんには日本一になってもらいたいって、ずーっと思ってました。だから、どっちかっていうと、10・8も嬉しいんだけど、日本一になったときの方が僕は嬉しかったな。

それで、日本シリーズの第一戦には落合は出場しなくて、やっぱり日本シリーズは無理だと思っていた。西武の清原和博《かずひろ》が初戦ホームランを打って。今年もやられそうな気がしていたけど、第三戦で落合はＤＨで出場してきた。びっくりしたよね。川相が二塁にいて、西武の小野和義投手から打った球がいい当たりでもなかったんだけど、辻が、センター前ヒットになるような当たりを捕っちゃった。それで落合さん、足をケガしているのに……あんな必死に走ってる落合って、見たことなかったな。一塁ベースの手前では足を引きずったような走り方だった。

そうしたら辻さんは、三塁を回った川相が目に入って三塁の石毛宏典《ひろみち》に投げたら暴投になって、川相が生還した。

あんなに足を引きずって、一塁ベース上でも落合は痛みに歪んだ顔をしていたのに、長嶋さんは落合さんにまったく、代走を出す気配がなかった。落合さんがDHということもあるけど、あの場面では長嶋さんは落合さんに最後まで出場して欲しかったのです。本当の勝負師同士しかわからないものを感じた。あれがやっぱり一九九四年の日本シリーズのハイライトでした。

冨士　そういうドラマチックなこと、好きそうじゃないのにね。ドラマチックで感動した。

落合夫婦

ねじめ　落合ってものすごく素直な人で、自分には野球しかないって感じなんだよね。それは、一度だけ対談したときにも感じた。でも、野球だけのクールで冷たい人、あとは奥さんに全部任せますという感じもしないいんだよね。

冨士　落合さんにとって信子さんの存在は、何かもう宗教みたい。落合さんを支える、なくてはならない存在なのはもちろんだけど、それだけじゃない。落合さんにバッティングコーチをしたり（笑）。

ねじめ　あのご夫婦は、結局、野球でつながってるよね。信子夫人は最初から、冨士さんにも、落合さんは教えるのがうまいって言ってたわけでしょ。

冨士　選手を辞めてからかな。コーチでもいいから、働く場所がないともったいないって。そうしたら、中日から監督の話が来た。信子さんは、本当に落合さんを守るので必死な人なの。

テレビも雑誌も、監督が決まってからは一切出てないし……。本当に偉いよ。

ねじめ　落合監督の情報を漏らさない姿勢に、信子夫人も協力していたんでしょうね。

冨士　シーズンに入ったら、信子さんは落合さんを誰にも会わせない。秋田のお母さんにも会わせないって。それを守る落合さんも偉いけど……。とにかく、落合さんの耳に雑音は一切入れない。じゃないと監督って、難しいものね。

落合さんが中日の監督になってからは、信子夫人はもっと落合さんを守ろうとして、それまで仲のよかった人たちとも付き合いをなくしちゃった。落合さんが監督という仕事をやるためには、仕方がなかったのね。

ねじめ　情報を漏らさないっていうのは、戦いの基本だもんね。

落合の組織論

ねじめ　落合は、自分の野球にとってプラスになる記者とか、正確な言葉で伝えてくれる記者を大事にした。でも、記者は安心していられなくて、緊張感がいつもあったみたいです。

冨士　渡邉恒雄《わたなべつねお》さんのＮＨＫドキュメンタリー番組を思いだすな。若い頃、共産党に入って、組織をつくることを学んだって。首相になりそうな人を見極める目と、付き合う忍耐力があった。ある意味で、冷酷にならなきゃできないことよね。

　落合さんも、そうだったのかな。

ねじめ　自分が出ていく必要のないくらいの体制をつくるのが、とにかく大変だったって。それくらい、落合監督はコーチにしっかり野球を教えていました。選手には何も言わない。

コーチを育てるのが、落合監督の仕事だったんだね。その時間が、けっこうかかったと思いますよ。

落合にとって、ある意味では全員が敵だったんだと思う。生き方がそうだった。だから、組織をつくるときも必然的にそうなっていったんじゃないかな。どこかでいつも戦っている。

川相さんも言ってたけど、落合さんは契約を非常に重んじるわけです。選手も球団と契約を結んでいるわけだから、それを守らなければいけない。

巨人を辞めたときに、日ハムとヤクルトから誘いがあったじゃない。そのときに、ヤクルトは具体的な数字を出さなかったみたいなんです。ところが、日ハムはちゃんと金額を提示した。きちんと契約できる方を僕は選んだと、そう言っていました。

冨士 有言実行なのよね。中日の監督になって一年目のときも、補強はしないって。今までの選手がいればいいんだって言って、それで優勝したのは立派よ。

ねじめ 落合には、そのときに必要なことの優先順位が見えてるんだよね。落合がテレビ朝日の解説者だった頃に、今、巨人軍にとって一番何が大切なのか、という話をしていてさ。そのときに「今の巨人に一番大切なのは、捕手の村田真一を使い尽くすことだ」って言ったんですよね。選手の余白を見抜く眼力が、落合には備わっていると思った。「使い尽くす」という言葉を使ったのは、野球人としては落合が初めてじゃないかな。そのときの戦力状況を、ちゃんと把握している。解説者だった頃から、もうすでに監督みたいな発言で、落合野球の原点だったと思います。

メジャーから日本球界に復帰して阪神でプレーした城島《じょうじま》健司がファーストを守っていたときには、阪神はダメだ、捕手として城島を最後まで使い切るべきだって。日本人的な発想とも言えるんだけど、監督一年目のときは使い切るだけの魅力が選手ひとりひとりにどれだけあるのかを、自分の目できちんと確かめたかったんだろうね。

冨士　選手の余白がどれぐらいあるのかを、じーっと見てたのね。

ねじめ　知名度だけでは左右されない。本当は監督みんながやらなきゃならないことだと思うけど、それを当然だと、落合は思ったんでしょうね。それにしても、一年目で優勝しちゃうなんてやっぱりすごい。選手とコーチの緊張関係も、印象的でした。

監督としての落合は、あの手この手を使って勝とうとするタイプの監督ではなかったよね。調子のよい選手が、きちんと試合で活躍できれば、それでいいというシンプルな野球。だから選手も、自分が何をやればよいのかよくわかっていました。中日の選手たちは、落合監督についていけば野球がうまくなり、年俸も上がっていくと信じてた。勝てば選手の力、負ければ監督のせいと認めてくれたからです。

でも一方で、気を抜けば野球生活はその時点で終わり、とも教えている。大人の思想を持った監督だったね。

落合さんを俳句で詠めるか

ねじめ　冨士さん、落合さんを俳句で詠むっていうのはどうでしょう。

冨士　難しいわ。

ねじめ　頑張って詠んでみました。

種芋がなんば走りの猛稽古

僕にとっては落合野球＝日本人野球だから、その落合さんにぴったりな食べ物が種芋なんです。なんば走りも日本人独特の走り方、江戸の飛脚の走り方だから、栄養のある走り方とも言える。突き詰めていくと、何をすればいいのか。

冨士　種芋を持ってきたところがいいじゃない。

ねじめ　冨士さんも一句詠んでくださいよ。

冨士　**啓蟄や落合さんの鼻の穴**

時期が来れば、知恵と経験と信念が湧きだしてきます。

「落合が」とふ妻の小鼻に春の風

「落合が」と、夫の名を口にするとき、誇りと自信と愛で小鼻が膨らみます。

ねじめ　二句ともいいなあ。鼻に焦点を当てて。二句目の方は、信子夫人に会っていなくても表情が浮かびます。落合さんの野球を教えることに自信を持っていたんですね。

冨士　落合さん、宮本武蔵の『五輪書《ごりんのしょ》』みたいなものを書けばいいのにね。

ねじめ　落合さんって、浪花節《なにわぶし》的な物語を、あえて壊しにいくような……。落合さんの言葉って新鮮ですね。〈心が、技術を食ってしまうのである〉なんてすごい。短い言葉ですが深い。技術の大切さを常に強調しています。野球で一番大切なのは技術です。技術があればどんなことがあっても乗り越えられます。心が弱いのは技術がないからと断言しています。

落合は他にも「絶不調というのは、結果が出ないことでもあるが、私の場合、何も考えつかない、考えることすらいやになる鬱状態をいう」（『勝負の方程式』小学館、一九九四年）というのがあるんです。とことん悩むんですね。悩むことを手放さないのです。

野球のことなら悩み抜くことができるんです。ということは自分が間違ったときにも「しまった！」という思いが湧いてくる人なんです。きっと落合さんは顔には出しませんが、心のなかでは「しまった！　しまった！」の連続だったと思います。落合さんは実は「しまった人」だと思っています。

ところで、冨士さんは落合さんらしさを感じた風景ってありますか。

冨士　まだロッテ時代だと思うけど、プロ野球ニュースで、落合さんが独身の頃、秋田に帰る風景を追ったドキュメンタリーがあって。汽車を降りて田んぼのあぜ道を、ものすごい雪のなか、ひとりで歩いて実家に向かうの。今でも覚えている。なんだか感動的だった。

落合さんの人生って、信子さんと結婚して変わったのかな。それで大選手、大監督になった。まわりの俗事を、みんな信子さんに引き受けてもらって。

ねじめ　女性と一緒にいて、いろいろ示唆されて、それで生きていく男性っていますよね。落合さんもどっちかっていうと、そういうタイプなんじゃないかな。社会人野球を辞めそうになったときも、お姉さんに止められて、もう一回野球をやるわけですよね。

冨士　お母さんのことも、すごく好きだったんでしょ。

ねじめ　落合さんって、女性と一緒にいる方が安心感があるような気がします。女性の意見に耳を傾けるところがある。野球を日常的にとらえるところがあって、これがダメだったら次はこれって考えるように、野球のことになると頭が柔らかいんですよ。

冨士　もう一度グラウンドに戻ってくれたらいいな、と思うんだけど……。でも、大変かな。一からまたやるのは。落合さん、出番ですよと、お願いしたい気分。

ねじめ　でも、それは楽しいんじゃないかな。

コロナ禍のなかでのプロ野球の在り方にも、落合さんならきっと、いろいろな考えを持っていると思う。基本的には選手の味方だから、選手たちがきつい状況で野球をすることには反対するだろうけど……。今こそ、プロ野球選手が自分で納得しながら野球をやることが大事だと思う。落合さんならきっと、自分の大事な選手がどういう形でプレーするのが一番よいのか、考えながら野球をやっていくにちがいない。コロナ禍にこそ、落合のような存在が必要です。コロナ禍のなかでなぜ野球をやっていくのか、という落合の理屈を訊きたいですね。

さんまの効用

昔、落合が明石家さんま氏のＴＶ番組に出ているのを何度か観たことがある。

あの無愛想な落合が、さんまにいじられ突っ込まれて喜んでいるのだ。さんまが現場のディレクターを「やってみなはれ」と言うと、「はい、はい」とディレクターよろしくセーターを肩に掛け、カンペを持って、「5、4、3、2、1、はい」とキュー出しを嬉しそうにしているのだ。引退した年には「二割三分しか打てなかった」とからかわれたり、中日の監督になったときには「落合さんは監督タイプと違いまっせ〜」と嫌味を言われても怒らず、どこまでもさんまに突っ込まれるのを楽しんでいた。さんまだから落合は無邪気になれるのだ。

さんまは、どんなに偉いゲストが来ても突っ込みを入れる。言いたいことはちゃんと言う。それがさんまのやり方なのである。

テレビの世界は戦場である。

さんまも、一歩も引かない。

遠慮しない。

芸を崩さない。

落合が出演したときも、さんまは一切遠慮しなかった。落合は、その崩さないさんまが好きなのだ。

さんまに突っ込まれるのが落合は、楽しくて楽しくて仕方がない。さんまのテレビでの本番の戦場を見せてもらって落合は喜んでいる。

「落合さん、あんた、日ハムの最後のシーズンのときの打率、二割三分五厘ですねん。ほんまに打てなかったですな。情けな！」とさんまに言われても落合はにこにこしている。

中日の監督になったばかりの年にさんまの番組に落合が出たときも「よく監督になりましたなあ。監督のタイプとちゃいまんねん。落合さんは好き勝手にやっている方が似合ってますわ。監督は向いていないんとちゃいますか」と突っ込まれても、落合はさんまに監督になったことを懸命に言い訳している。

この、落合の言い訳している姿が嬉しそうなのだ。さんまにはお見通しなのである。芸人とプロ野球監督と業種が違っていても、落合はさんまに遊ばれていると、気分が晴れてくる。

さんまは野球にも詳しいだけでなく、ほかのジャンルにも詳しい。子どもの絵本にも相当に詳しいのだ。絵本作家の故・佐野洋子さんが「本名で電話があったのよ。私の絵本を何かにしてみたいんだって」と言っていたことを覚えている。

二〇二一年、明石家さんま企画・プロデュースの劇場アニメ「漁港の肉子ちゃん」（原作・西加奈子）が公開されることになった。いよいよ、さんまが芸人とは別のこともやり始めたのだ。

別に私は、さんまを褒めたたえているのではない。さんまに突っ込まれることによって自分を楽しんでいる落合を褒めているのだ。

さんまに突っ込まれることによって無邪気なおじさんになれる落合に、私は感動している。

終章　落合博満の気配

落合博満を一言でいえば、「野球の目利き」である。

落合監督の一年目は、野球の目利きを生かして上から目線ではなく、横からも斜めからも下からも選手たちを見回すことに割かれた。それこそ、家庭の主婦なら誰もがやっているように、冷蔵庫のなかに今ある肉や野菜を確かめてから、この素材でできる一番いい料理を考えた。

素材を確かめて、見極めて、落合が闘えるチームをつくり上げ、一年目でセ・リーグ覇者になったのだ。

だが、落合監督の二年目からは、野球の目利きよりも、選手たちと一緒に泥まみれになって、選手層の厚みを増すことを重視した。目利きで見極めた選手たちをさらに分類して、厚みを増していったのだ。

選手層の厚みを増すのは、ひとりひとりの選手の能力である。その能力をパズルのように嵌め込んでいった。この作業が落合監督には楽しく、長けているところでもある。

レギュラー選手は、シーズンを通してベストコンディションではあり得ない。調子が落ちるときもあるし、怪我をして、代わりの選手が登場することもある。

そのとき、代わりの選手がレギュラーと大差ないことが大事だ。だが、大差がなくても、彼らは出場できるとは限らない。そういう、レベルの高い代わりの選手が必要なのだ。

もし故障したのが中心選手ならば、ひとりの選手では埋めきれないこともある。三人で補う場合だってある。

落合監督がほかの監督と違うのは、チームの穴を補う速さである。

穴を埋めるために、落合監督は速く手を打つ。

だから、選手層の厚さは、チームにとって一番大切なことだと考えているのだ。

そして、たとえ穴埋めの選手であっても、レギュラー選手と同じ扱いをする。穴埋めも、選手層の厚さを増すためには大切な選手なのだ。

その代表的な選手が英智であったり、岩﨑達郎であった。

控え選手であっても立派な一軍選手なのだ。

選手層を厚くすれば、どんな小さな綻《ほころ》びにも手を打てる。油断していると、あっという間にその綻びは大きくなっていく。

落合野球は、総合的に力の備わった選手と一芸だけに秀でている選手のバランスがよかった。試合のなかで、攻撃的なチームから守りのチームへ、フットボールのように素早く切り替わった。

選手層は厚ければ厚いほどよいに決まっている。チームの刺激になって、選手間に「抜かされまい」という緊張感が走る。

僅差のゲームであればあるほど、選手層の厚さで勝負が決まってくるのだ。

落合の監督ぶりを見ていて感心するのは、選手たちを細分化して捉えていることだ。控え選手も、いつもベストな状態なのである。レギュラー陣にいつでも代わりがいる状態を保ち続けていけば、選手に安心感ではなく、チーム内の熾烈《しれつ》な戦いという緊張感を与える。

この緊張感が落合監督には必要であった。

ＮＨＫの「サンデースポーツ」で落合と山川が対談して以来、私は山川のファンになった。

山川は若いながらも落合野球のよき理解者であった。あの落合のゆったりしたスイングに野球の本質を見いだしていた。

落合は現場から離れて長いこと時間が経っている。そろそろ、若い選手から忘れられていても不思議ではないのに、落合に魅力を感じている若い選手がいて嬉しかった。

山川には、落合の打撃理論を積極的に取り入れようとする貪欲さもあった。

落合と山川の対談は、人生相談ふうにも見えた。

山川の「(打てているときと)同じようにやっているつもりでも、やっぱりズレが全然出てるので(中略)試合前、必死で直そうとするんですけど」という悩みに落合は、「真っ暗なところで素振りをしてみればいい」と答えていた。

落合は話が進むうちに、「これは私のバッティングなのだから、山川は自分のバッティングの答えを出さなければダメだ」と釘《くぎ》を刺していた。

落合は、すぐに直せるほど簡単なものではないこともよくわかっている。同じチームで監督として一緒に汗をかかなければ、山川のバッティングを改善できないこともよくわかっていた。

プロ野球は甘くない。

これは、今の落合に向けられた言葉でもある。落合が今から監督になるのは、九九％無理だろう。

だったら一％に賭けるしかないのだ。

いやいや、一％でも無理だと思えたが、「サンデースポーツ」の落合×山川対談が私には有り難かった。この対談のおかげで、西武・山川を、落合の気配を感じながら応援し続けることができたのだ。

これほどテレビにかじりついて野球中継を観たのは、落合中日以来のことであった。

山川を観ているうちにほかの西武の選手たちにも興味が出てきて、源田壮亮《そうすけ》の守備ぶり、栗山巧《たくみ》の粘りに驚かされ、夏場にはすっかり西武ファンになっていた。

落合が西武の監督になって采配をふるっていたら、山川はどうなるんだろうと思いながら観ていたり、ときには、私が落合になって、西武を采配しているときもあった。

山川は不調になった。

もう、これ以上落ちないと思っていたら、さらに不調になってきた。

それこそ絶不調であった。

この山川の絶不調を落合は知っているのだろうか。実は知っていて、西武の辻監督には電話でときどき連絡を入れて、辻監督から山川にメッセージが伝わっているにちがいない、と勝手に思ったり、落合がマスコミにばれないようにこっそり深夜、山川の家の近くまで行って、山川家の近くの小さな公園でこっそり指導している姿を想像してみたりもした。

長年、私はいろいろな球団を応援してきたが、これほどまでに屈折した応援の仕方は初めてのことであった。

特に、二〇二〇年シーズンの八月二七日、日ハム戦を山川のサヨナラ安打で勝ったゲームでは、今まで一度も見たことのない光景に出会った。

山川のサヨナラ安打で西武が勝利したのだが、その前に投手がワイルドピッチで逆転されてしまった。このときは、森捕手に何が何でも球を止めてほしかった。どちらかといえば私は森を責めたかった。森本人は私たち以上に責任を感じていた。そのつらい思いを帳消しにしてくれた山川への感謝が込み上げ、森がグラウンドで大泣きしたのだ。

サヨナラ安打した選手が泣き崩れる姿は何度も見たことがあったが、自分のミスを払拭してくれた山川に大泣きしている森のような選手は初めて見た。

敗戦が続き、森は追い込まれていた。

それは誰が見てもわかるだろう。

森と山川の友情を感じるシーンでもあったが、落合なら、西武の選手層の薄さを感じ取ったにちがいない。

私は山川を応援しているが、彼の後ろには落合の気配を感じる。

毎試合、落合の気配を感じながら野球中継を観ているのが大いに楽しいのである。私が発見した喜びでもある。

背後から落合が耳元で「山川、おまえは死球が多すぎるぞ。もっと上手に避けろ。それも来年の課題だな。それよりもオレから技術を盗めよ」とささやいているように思えた瞬間でもあった。

私は今シーズンも、後ろに落合の気配を感じながら山川を応援したいと思っている。山川には今年こそ、三冠王を獲って欲しいと願っている。

落合が監督に戻ってくる可能性は、九九%ないかもしれない。

それだったら、やはり一%に賭ければいいのだ。

二〇二一年三月

ねじめ正一

「天高く落合野球降ってこい!」

ねじめ正一

野球の父は
もうとっくに
亡くなってしまったけど
おまえが本当に
野球が好きなら
この目でじかに
落合博満を
見た方がいいと言ってくれた

野球の父の
言葉を信じて
落合博満の野球を

よく見ていたが
楊枝でピンと弾くような
力みのないホームランは
見事であった

守備のとき一塁ベースの角
数センチに
爪先をしっかりつけたまま
落合博満が
伸び上がって捕球するときの
ふくら脛《はぎ》の盛り上がった筋肉は
見事であった

監督になっても

どこ吹く風のように
表情ひとつ変えずに
カミソリ一枚程の
僅差野球に賭ける
采配の振り方も
見事であった

その落合博満を
もう　見ることは
できないのか
もう　これ以上見るのは
贅沢すぎることなのだろうか
でももう一度
天高く落合野球降ってこい

ねじめ正一（ねじめ しょういち）

一九四八年東京生まれ。作家、詩人。八一年、詩集『ふ』で第三一回H氏賞、八九年、小説『高円寺純情商店街』で第一〇一回直木賞、二〇〇八年、小説『荒地の恋』で第三回中央公論文芸賞、〇九年、小説『商人』で第三回舟橋聖一文学賞を受賞。熱烈な長嶋茂雄ファンで知られ、プロ野球に造詣が深い。他の著書に『長嶋少年』（文春文庫）、『落合博満　変人の研究』（新潮社）など。

落《おち》合《あい》博《ひろ》満《みつ》論《ろん》

二〇二一年六月二二日　第一刷発行　　集英社新書一〇七三H

著者……ねじめ正一《しょういち》
発行者……樋口尚也
発行所……株式会社集英社
東京都千代田区一ツ橋二-五-一〇　郵便番号一〇一-八〇五〇
電話　〇三-三二三〇-六三九一（編集部）
〇三-三二三〇-六〇八〇（読者係）
〇三-三二三〇-六三九三（販売部）書店専用

装幀……原　研哉
印刷所……凸版印刷株式会社
製本所……加藤製本株式会社

定価はカバーに表示してあります。

ISBN 978-4-08-721173-3 C0275

a pilot of wisdom

集英社新書　好評既刊

はじめての動物倫理学
田上孝一　1060-C

いま求められる人間と動物の新たな関係を肉食やペットなどの問題を切り口に、応用倫理学から問う。

日本再生のための「プランＢ」　医療経済学による所得倍増計画
兪 炳匡　1061-A

一％の富裕層ではなく、残りの九九％を豊かにするための画期的な方法を提示。日本の新たな姿を構想する。

ヘイトスピーチと対抗報道
角南圭祐　1062-B

街頭デモやネット上の差別の実態を明らかにし、報道の在り方を考える「ヘイトスピーチ問題」の入門書。

最後の文人 石川淳の世界
田中優子／小林ふみ子／帆苅基生／山口俊雄／鈴木貞美　1063-F

知的自由を体現した孤高の作家、石川淳。五名の識者の解説を通し、その作品と「絶対自由」の世界に誘う。

ＭｏｔｏＧＰ　最速ライダーの肖像
西村 章　1064-H

モーターレーシングの最高峰、ＭｏｔｏＧＰ。命懸けのレースに参戦した一二人のライダーの姿を描きだす。

スポーツする人の栄養・食事学
樋口 満　1065-I

「スポーツ栄養学」の観点から、より良い結果を出すための栄養・食事術をQ&A形式で解説する。

職業としてのシネマ
髙野てるみ　1066-F

ミニシアター・ブームをつくりあげた立役者の一人である著者が、映画業界の仕事の裏側を伝える。

免疫入門 最強の基礎知識
遠山祐司　1067-I

免疫にまつわる疑問をQ&A形式でわかりやすく解説。基本情報から最新情報までを網羅する。

世界の凋落を見つめて　クロニクル２０１１－２０２０
四方田犬彦　1068-B

東日本大震災・原発事故の二〇一一年からコロナ禍の二〇二〇年までを記録した「激動の時代」のコラム集。

ある北朝鮮テロリストの生と死　証言・ラングーン事件
羅鍾一／永野慎一郎・訳　1069-N〈ノンフィクション〉

全斗煥韓国大統領を狙った「ラングーン事件」実行犯の証言から、事件の全貌と南北関係の矛盾に迫る。